甩掉播音腔

新时代新闻播音与主持实训

向 东 费成林 吴 楠 著

中国广播影视出版社

图书在版编目C(P) 数据

甩掉播音腔：新时代新闻播音与主持实训 / 向东，费成林，吴楠著 . -- 北京：中国广播影视出版社，2023.5（2025.2重印）
ISBN 978-7-5043-8415-7

Ⅰ.①甩… Ⅱ.①向…②费…③吴… Ⅲ.①播音－语言艺术－教材②主持人－语言艺术－教材 Ⅳ.① G222.2

中国版本图书馆 CIP 数据核字 (2019) 第 298059 号

甩掉播音腔 ： 新时代新闻播音与主持实训

向东　　费成林　　吴楠　　著

责任编辑	李潇潇
装帧设计	元泰书装
责任校对	龚 晨
出版发行	中国广播影视出版社
电　话	010－86093580　　010－86093583
社　址	北京市西城区真武庙二条 9 号
邮　编	100045
网　址	www.crtp.com.cn
电子信箱	crtp8@sina.com
经　销	全国各地新华书店
印　刷	三河市同力彩印有限公司
开　本	787 毫米 ×1092 毫米　　1/16
字　数	140（千）字
印　张	12.25
版　次	2023 年 5 月第 1 版　　2025 年 2 月第 2 次印刷
书　号	ISBN 978－7－5043－8415－7
定　价	69.80 元

前　言

偶遇央广老播音员，闲聊中他说："现在有人说老播音员都不会说话了。"我知道，这话的意思是说老播音员们播音有播音腔！

什么是"播音腔"？年轻的播音员就没有播音腔吗？进入了新时代，有些年轻人播新闻的速度飞快！突突突！像开机关枪一样，问他们为什么这么快，回答是"进入新时代人们的生活节奏快了，再不能慢条斯理地播了"！

2002 年退休前后我到国家广电总局收听收看中心工作了一段时间，专门收听收看各省级广播电视台的新闻节目；2012 年有幸被央广新闻中心聘为央广新闻的监听员，定期监听播出的央广新闻，这使我养成了一个习惯：无论是听广播、看电视总是带有一种专业研究的心理去听去看，有时还会拿笔记点什么。反复看，反复听，看出问题就想说，这几乎成了一种"癖"，真有点搜根剔齿、吹毛求疵了，也难怪每次听或者看都能抓几个小辫子。

每天早晨我都要看某家电视台的早间新闻节目，每当看到那位漂亮的女播音员的时候，我都想对她大喊一声："美女，放下你'口中的刀'，好好说话！把意思说明白，把话讲清楚，不要总是拿着一把刀，像切什么东西一样'咔，咔'地，切得那么干脆，好好的一句话，被你切得意思连不起来了！让人不知道你在说什么！"

2012 年，我应四川音乐学院绵阳艺术学院（现四川文化艺术学院）的邀请担任该院的学术委员，学校为我开办了"向东名师工作室"。一次，我去听大一某班的《广播节目创编》课，一位同学做的练习是生活服务类节目《教你做鱼香肉丝》，她一板一眼地照本宣科，毫无讲述的意思！出于尊重，老师和同学让我点评，我直言不讳："同学，什么时代了，怎么不用互联网、融媒体思维考虑如何做好节目呢？你的亲和力、交流感到哪儿去了？你相信这样做广播节目会有人听吗？"

时代在变，节目形态在变，新闻的采集方式在变，受众的心理和接受能力在变，播音主持的语言样态也一定要变。播音学还是不是指导播音创作的理论大纲？毫无疑问播音学是播音前辈多年总结的经验，是播音创作理论的精华，这是不容置疑的！但是，一部成熟的理论一定会在时代的变化中不断修正、完善，播音学也不例外，作为新时代主流媒体的播音员、主持人要站在新时代的潮头，在继承老一辈播音员优良传统的基础上，大胆创新，使国家的声音——中国之声永驻！

我作为一名老播音员（1960年至1980年在中央人民广播电台播音部任播音员）、老记者、老主持人（1981年至2002年在中央人民广播电台文教部体育组任记者、主持人）、老教师（2002年至2019年在几所大学任教），想在这本书中，把我的点滴经验、粗浅体会奉献给我热爱的播音主持事业，奉献给正在从事播音主持教学的年轻老师们，奉献给莘莘学子和播音主持爱好者。毕竟人老了，心有余而力不足了，特别是担心自己跟不上新时代的步伐，邀请了两位年轻的朋友，我的学生，跟我一起完成这本书的写作，这也算是老中青结合，通力合作，走好继承和发展之路吧！

我们努力用事实说话，突出实操性，希望这本书能够成为专业教师的好助手，莘莘学子的好教材，新闻工作者的好参谋。

　　这本书付梓的时候恰逢人民广播创建 82 周年（1940 年 12 月—2022 年 12 月），此书也算我们献给人民广播事业创建 82 周年的一份薄礼吧！

向　东

2022 年 12 月

目 录

第一章

继承传统　重塑中国之声

·1940 年 12 月 31 日延安新华广播电台开始向全世界播音，人民广播诞生了。

·解放战争时期，毛泽东同志称赞延安新华广播电台播音员钱家楣："这位女同志好厉害呦，骂起敌人来义正言辞，讲起我们的胜利也很鼓舞人心，真是憎爱分明，这样的播音员应该多培养几个。"

·1949 年 10 月 1 日，播音前辈齐越和丁一岚在天安门城楼直播了中华人民共和国开国大典，主席向世界宣告："中华人民共和国成立了！中国人民从此站起来了！"

·1953 年播音前辈夏青在中南海宣读了中华人民共和国第一部宪法，几个小时一字不错。

·1958 年 5 月 1 日北京电视台（中央电视台前身）开始试播电视节目，从此中国有了自己的电视事业。

·1978 年 5 月 1 日"北京电视台"正式更名为中央电视台。

·2018 年 3 月 21 日中央广播电视总台宣布正式成立。

人民广播走过了八十多年的历程，老一辈播音员作为党的宣传员，用他们的有声语言宣传党的方针政策，反映人民群众的心声，受到党的肯定、人民的称赞。他们被称为"国嘴""党的声音"。老播音员总结出了一整套播音创作的理论，多年形成的播音经验是我们的宝贵财富。继承和发展播音创作的理论和经验是我们这一代播音员、主持人和播音主持专业教师和学子的责任和使命。

第一节　光荣的岗位，辛苦的工作

1960年20名青年学生（10男10女）走进了位于北京市复兴门外大街2号的广播事业局，成为中央人民广播电台最年轻的播音员。

这一年，经过周恩来总理特批，北京广播学院（中国传媒大学前身）在北京市高中二年级挑选了40名学生，经过半年培训充实到中央和各省人民广播电台做播音员。从此，在广播大楼的庭院里，在集体宿舍的水房里经常会传出"八百标兵奔北坡，炮兵并排北边跑……""吃葡萄不吐葡萄皮……"的洪亮声音。

"我们是党的宣传员，中央人民广播电台是党的喉舌，是国家一级保密单位，一旦战争打起来，敌人首先要占领的就是广播电台！"

台领导及老播音员们的教育已经深深地印在了脑子里，再看看广播电台不同区域（直播区、技术区、办公区）都有武警战士站岗，威武、庄严，一种骄傲感、自豪感、崇敬感和责任感油然而生——"啊！我是这里面的一员！我是党的宣传员！"

那时候，工资低（中专文凭，试用期每月31元，转正37元。大学毕业试用期每月49.5元，转正56元），我们没想太多，没有抱怨，只想着文化低怕不能适应工作的需要，于是集体上电视大学中文系，努力学习文化。

那时候，要当明星？没想过。记得中央电视台在节目里采访老播音员葛兰老师，她说："我就是一个老播音员，我不喜欢'著名'这个词。"

我不是写回忆录，只是想举几个例子说明我们的工作是多么重要，我们的岗位是多么光荣。1963 年中共中央以《人民日报》和《红旗》编辑部的名义连续发表了九篇评苏共中央公开信的文章，后来被人们称为"九评"。在那个环境里容不得你不对这份工作肃然起敬。清晨一辆专车把夏青老师接走，后来得知是去新华社备稿，有时是台长陪同，有时是总编陪同，我们这些小青年一无所知。回来以后就在总编室或其他一个什么地方研究稿件分析理解内容，直到 18 点新闻播出预告："本台今天晚上 8 点将播出重要文章"，此时此刻的我们不管在哪儿都要赶回办公室，守在收音机旁聚精会神地收听广播，此时工厂、部队、农村的大喇叭、小喇叭都打开了，传播着同一个声音——中国的声音、党的声音！

这份工作辛苦吗？有责任感和使命感就不辛苦，热爱这份工作就不辛苦。在这里我要感谢天天为我们叫早的老大爷，那个时候我们是早中晚三班倒，上早班的时候要四点钟起床。第二天上早班一定要在晚上 9 点前回到宿舍就寝，并要在集体宿舍大门值班室叫早老大爷那里登记，几号房、几号床明早几点起床。为了不影响同寝室同志休息一般不上闹钟，年轻人困呐！凌晨四点不是有人来叫，根本醒不了。

4 点钟，叫早老大爷打着手电蹑手蹑脚地来到你床前，用手电照你，直到你坐起来他才出去，有时还没睁开眼就又躺下了，没有两分钟老大爷又打着手电进来了，原来他在门外等着，几分钟见你没动静他又进来叫你了！可亲可敬的老大爷早已作古，这些普通人就是这样为了第一线的播音工作在幕后默默奉献着。

进入新时代，主流媒本的功能正在从"宣传"向着"传播"转化，在这个时代我们更要努力学习习近平总书记的重要讲话，牢记党媒必须姓党。

习近平总书记在党的新闻舆论工作座谈会上的重要讲话中指出："党的新闻舆论媒体的所有工作都要体现党的意识、反映党的主张、维护党中央权威、维护党的团结，做到爱党、护党、为党。"

习近平总书记的讲话给我们指明了方向，提出了要求。继承也好，改革创新也罢，都不能忘记党媒姓党这条基本原则，努力做一个合格的党的媒体人！

第二节　认真备稿，一丝不苟

说起备稿，学播音的都知道备稿包括两方面：一是广义备稿，是说播音员要加强学习，增长各方面的知识；二是狭义备稿，是说具体准备一条消息一次节目时的备稿。这里我们主要谈谈老播音员是怎样准备《新闻和报纸摘要》节目的。

中央人民广播电台《新闻和报纸摘要》节目，是每天早晨 6:30 到 7:00 播出的直播新闻节目，是中央人民广播电台最有影响力的节目之一。

那时候，一般情况男女播音员 5:00 到班，练练声开开嗓，有的时候嗓子喊不开，就吃几口干馒头刺刺嗓（注意不能多吃，饱吹饿唱嘛！），5:30 就要到新闻编辑部去备稿了。编辑编一条，审稿人审一条，播音员看一条。因为不知道哪一条要用，哪一条不用，更不知道如何排序，所以每位播音员要准备全部 30 分钟的稿件甚至更多。直到审稿人审定稿件并排好顺序，播音员才能拿到要播的单数或者双数稿件，这时距离播出只有几分钟的时间了。通常新闻编辑部里异常安静，新闻编辑要把稿子写在每页 300 个空格的稿纸上，播音员就是在编辑手写的稿纸上勾勾画画，标记着各种记号，"··"表示重音、"⌣"表示连姿、"√"表示偷气换气、"、"表示停顿、"//"表示层次、"#"表示完结……

编辑部静悄悄，一次正在聚精会神备稿的一位老播音员轻声地问了一句："单人旁加一个牛字念什么？"鸦雀无声，每个人都在忙着自己的工作，没有人回答。老播音员自己翻开了字典："唉！这不是文件的件字吗！""哄"的一声，人们笑出了声，顷刻又恢复了平静。

是啊！人在高度紧张、精神高度集中的时候会被一个不起眼的小问题绊住，闹出笑话。

备稿的时候，精神高度集中，过于紧张，闹出了笑话。播出的时候，思想不集中，产生杂念，出了差错，那可不是闹笑话的问题啦。1963 年的某一天，台长急匆匆来到播音组，说有个急稿，罗荣桓元帅去世的讣告，要找一个男生马上播出去。那时在场的只有一位年轻的男播音员，他来到播音组还不到两年的时间，正跟着夏青老师学播音呢！因为找不到其他男声，这个任务就落到了他的身上。他拿到稿子一看是讣告，没有好好备稿，满脑子都是回忆的夏青老师播音时的情景：调子低沉，速度很慢，字正腔圆。至于这篇讣告是谁的，他根本没过脑子。播的时候他模仿夏青老师的语调，竟然将罗荣桓播成罗瑞卿了，铸成大错。他说，错就错在备稿不认真，播的时候思想不集中，播到罗荣桓名字的时候一紧张，嘴就溜出"罗瑞卿"三个字了。历史的教训要牢记！！！让我们再回到播音室，备稿的时候，不管你是否把稿件都看完了，必须提前进播音室。

正常情况（不赶稿），两位播音员必须提前进播音室。坐定后两人要核对顺序和页数："我是 13579，你是 2468""我的前两条是时政消息""我的是经济消息……"两个人把主要内容碰一下，心里有数了，在播的时候就能互相配合。时政消息为一组，相互衔接得紧一点；下一组是民生新闻了，组与组衔接的时间稍微空一点，这样能使整个节目层次分明。时政新闻和民生新闻或是娱乐新闻在语气上也会有些变化。播完一条要向搭档点头示意，两人配合完成一次播出。

那么，如何准备一篇稿件呢？看来这个问题是老生常谈了，搞播音的谁不知道正确的播音创作道路是"深入理解稿件——具体感受——形之于声——及于受众"啊！谁不知道备稿六步呢？（划分层次、概括主题、联系背景、明确目的、找出重点、确定基调）那为什么现在又要重谈呢？因为有些人忘了这个根本，拿过一篇稿子上口就念，管他什么内容，"突突突"念完了事，好像挺有精神，实际播的是什么内容，谁也没记住！

教学中、工作中都不能忘了根本，基础打不牢，再加上"偷工减料"，楼也好桥也好随时都有可能坍塌！

就新闻播音而言，我们主要谈谈备稿中划分层次这个环节，划分层次包括归并和划分两个方面。一条新闻里有好几个自然段说的是一个意思，我们就把它归并在一起，播的时候连得紧一些，让它抱成一团儿，有时一条新闻里一个自然段包含了几个小意思，我们在播的时候就要把几个小意思用语气和停连的办法把它的前因后果等关系划分出来，让听众听出层次感。下面我们来分析一下"农业部成立农业信息化领导小组"这条消息。

农业部成立农业信息化领导小组

近日，新成立的农业部农业信息化领导小组召开第一次会议，研究部署推进农业信息化的工作举措。

会议强调，在四化同步发展的新阶段，信息化是缩小农业与其他产业差距的有效手段。各级农业部门要高度重视农业信息化，强化思想认识、强化责任分工、强化工作落实、强化组织协调，注重形成合力。推进农业信息化重点在基层、动力在市场、活力在应用、潜力在科研，要把握好各方面关系，树立统筹意识和协作观念，推动信息资源共建共享、信息系统互联互通、业务工作协作协同，共同促进农业信息化健康发展。

会议要求，当前要突出重点，加强顶层设计，加快规划制定和项目设计，抓好《农业部关于加快推进农业信息化的意见》的落实，做好农业信息资源整合，健全农业信息化创新体系，充分调动各方面的积极性。

据了解，农业部成立农业信息化领导小组目的在于进一步强化农业信息化工作的统筹协调，加快建立沟通顺畅、衔接严密、运转高效、保障有力的信息化工作机制，形成推进农业信息化发展的强大合力，推动农业信息化工作迈上新台阶。

一条完整的新闻，它的结构是：导语、背景、主体和结尾四个部分。有的资讯类消息比较短，很容易说清楚，常常没有背景和结尾两部分。

这条消息的导语就是第一自然段："近日，新成立的农业部农业信息化领导小组召开第一次会议，研究部署推进农业信息化的工作举措。"导语要播得很简洁、鲜明，一下子把听众抓住，让受众知道我这条消息主要说的是什么事。第二、三段是这条新闻的主体部分。分两个大层次：一个是会议强调的内容，另一个是会议提出的具体要求。第四自然段是这条新闻结尾部分，主要说的是成立农业信息化领导小组的目的。每个自然段就是一个层次。

我们看第二自然段："会议强调，在四化同步发展的新阶段，信息化是缩小农业与其他产业差距的有效手段。各级农业部门要高度重视农业信息化，强化思想认识、强化责任分工、强化工作落实、强化组织协调、注重形成合力。// （此处可为一个小层次）推进农业信息化重点在基层，动力在市场，活力在应用，潜力在科研，// 要把握好各方面关系，树立统筹意识和协作观念，推动信息资源共建共享，信息系统互联互通，业务工作协作协同，共同促进农业信息化健康发展。//"我们把这一大层次又分了几个小层次（//），小层次里面的顿号不要停顿，要连起来，划分层次之后还要找出这条消息的重点，找出重点的目的是分清主次，（重点部分可以是一个段落，也可以分散在几个段落中），重点部分播的时候可以强调一下，不是重点的部分带过去。

我们再举一例，来看这一段：

会议指出，今年三大攻坚战初战告捷，明年要针对突出问题，打好重点战役。打好防范化解重大风险攻坚战，要坚持结构性去杠杆的基本思路，防范金融市场异常波动和共振。打好脱贫攻坚战，要重点解决好实现"两不愁三保障"面临的突出问题，加大"三区三州"等深度贫困地区和特殊贫困群体脱贫攻坚力度，减少和防止贫困人口返贫。打好污染防治攻坚战，要坚守阵地、巩固成果，聚焦做好打赢蓝天保卫战等工作，加大工作和投入力度，同时要统筹兼顾，避免处置措施简单粗暴。

"会议指出，今年三大攻坚战初战告捷，明年要针对突出问题，打好重点战役。"这一段是"衣领"，概括下面的内容，下面分三段具体说要打好哪三个攻坚战，每一个攻坚战应该是一个小层次，两个小层次中间要停顿长些，一个小层次里面就要连得紧些，抱成一团儿，这样就不会显得平。"打好防范化解重大风险攻坚战"要怎么样呢？"要坚持结构性去杠杆的基本思路，防范金融市场异常波动和共振。"一个小层次说完了，停顿略长一些，语气上也要有所变化。

"打好脱贫攻坚战"重点肯定在"脱贫"上,"要重点解决好'两不愁三保障'面临的突出问题"。

第二个攻坚战是脱贫攻坚战,在这个层次里又有两个小层次:一是"要重点解决好'两不愁三保障'面临的突出问题,还要'加大'三区三州等深度贫困地区和特殊贫困群体脱贫攻坚力度,减少和防止贫困人口返贫"。这里要连得紧一些,不要断。这一层次里选择重音有难度,乍一看哪个都是重音。可是如果把"两不愁三保障""三区三州""深度贫困地区""特殊贫困群体"都当作重音来处理就会形成平均用力"突突突"念稿的情况。全是重音等于没有重音,怎么办?还是要坚持选择重音少而精的原则,这一层次的主要意思是"打好脱贫攻坚战,减少和防止返贫",把重音选择在这里。其他的都不强调,带过去!"带过去"不等于不说清楚。

第三个攻坚战我们不在这里分析了,我相信只要认真去做,分析这个小层次不是难事。

总之要把这一段说清楚,就要提溜起这三句话:"打好防范化解重大风险攻坚战""打好脱贫攻坚战""打好污染防治攻坚战",全篇才有层次,才有立体感,才能把事情说清楚。

理解透了,层次划分好了,重点也找着了,还要明确播这条消息的目的,按照备稿的六个步骤逐一思考,做好这些准备就如同哑巴吃饺子——肚里有数了。可还得说出来呀!这就要形之于声,把理解的转化成有声语言,把它表达出来传达出去。这就是播音前辈教给我们的语言表达的技巧——内三外四。这些技巧专业教科书里都有,就不在这里赘述了。有同学问:"老师,你们老播音员都是这样备稿吗?六个步骤多麻烦,多费时间?"我说:"我们不用,我们看一遍这六个步骤全有了,这就是老播音员的功夫!初学者不行,必须一步一步认真备稿!"

第三节 讲清意思是播好新闻的基本要求

我们这二十几个小青年入台的时候是非常幸运的，有"五大金刚"（业内人士送给他们的美誉）——齐越、夏青、林田、潘捷、费寄平亲自指导之外，还有一些早几年入台的播音员带着我们播新闻，记得经常带着我们播新闻的女播音员有林如、王欢、刘炜、刘佳等。

正当我写这部书稿的时候，传来噩耗，敬爱的林如老师不幸于2019年8月15日因病去世，王欢老师也于2020年5月29日因病去世，还有刘炜老师，她们都走了。病痛带走了她们，可是带不走的是深深印在脑海里的每次走进播音室前跟年轻播音员试播的情景。今天，当我们缅怀她们的时候，更感到一份责任、一种使命在肩头！

回忆老播音员带我们播新闻，他们最强调的一点就是播新闻要把意思讲清楚，这是播好新闻最基本的要求。今天，我在学校带播音学生的时候也是这样要求他们的。我在教学上常会遇到这样的情况，有的同学脑子灵反应快，拿过稿子看一遍就能念下来，但是只有声音的空壳，听不清说的是什么内容，"治"他的办法就是让他不看稿子把刚才播的主要内容简要地说出来。这一招比较灵。他说不出来，播的什么内容自己都说不清楚，这时候再让他看着稿子说内容，划分好层次，再去找说的感觉，讲意思，听起来就清楚多了！

播新闻的目的是传达信息，听一个优秀的播音员播新闻不用你再去琢磨，这条新闻的意思你就明白了，你不但听明白了表层意思，还了解了它背后深层次的历史、社会、经济等含义。也就是说，这位播音员播出了这条新闻的深度，通过他宽厚洪亮有磁性的声音还能给受众以美的享受。著名播音员夏青老师就是杰出的代表，听众常常来信称赞，听夏青老师播的文章比自己看理解得还深刻。

要把意思讲清楚，除了播音员的自身修养、政策水平、文化水平之外，还要运用口语表达的技巧，通过抑扬顿挫、轻重缓急的变化把内容表达出来。比较遗憾的是，有些电视台和电台年轻的播音员不太讲究这个变化，他们以不变应万变，特别是播时政新闻的时候，用同一个节奏，固定的断句格式，一味地快、快、快，美其名曰"新时代了生活节奏加快了，谁还有时间听你慢慢讲内容，听的就是精气神！"

广播新闻要讲清意思，电视新闻同样也要讲清意思，从写电视片解说词的角度考虑，有三种情况：一是以解说词的内容为主，不要求解说词和画面对得很准，严丝合缝；二是以画面为主，解说词不宜太多，观众主要是欣赏画面；三是解说词和画面并重。

笔者想由衷地说，播新闻一定要讲清楚意思！要把意思传达到受众的心坎儿里，而不是目中无人，对空广播！作为一个主流媒体的播音员要时刻扪心自问：我说清楚了吗？受众收到我要传达的信息了吗？

一次朋友们在一起聊天，著名配音演员、导演张震的一席话给我留下了深刻印象。他曾多次为广播电台录制小说等文艺作品，他说他非常想知道受众的情况：有多少人在听我的节目，老年人多还是年轻人多？他们的反应如何？他拿到一部作品先给家人试播，"这样播你能听清楚吗？"一遍又一遍直到家人满意了，才把这种播讲的方式定下来。

我想这是我们应该有的创作态度，也是一种尊重艺术、尊重自我的优良品质。

亲爱的同仁，播新闻是一种创作，要像雕塑精品那样对待每一条新闻。图省事不过脑子，语言没有变化，念、念、念，那是播音腔，必须甩掉！

融媒体浪潮下"念稿机器"完全可以用新科技替代，2018年11月10日新华社和搜狗联合推出了首位中国AI智能人工机器人主播，它永不疲倦，永不休息，而且永不出错！

面对这一挑战，某些播音员以不变应万变的念稿习惯恐怕持续不了多久了，要想永不被淘汰必须打情感牌了，必须在内容上下功夫，必须考虑如何打动听众，让听众不费劲就能听明白，能理解我们播的内容。机器人展示的是元素，我们要交出的是成品，而且是"色香味"俱全的成品，这就要求我们认真备稿，"把面和好，揉匀"。

第四节　播新闻要有态度，把握好分寸

新闻不是客观公正的吗？怎么理解"要有态度"？关于这个问题，我们首先温习一下有关新闻理论。什么是新闻？中共中央宣传部原部长陆定一的定义是："新近发生的事实的报道！"这里边包含了三个要素：第一个要素是时效性："新近发生的"。有了电视现场报道以后，人们在谈到这一定义的时候往往会加上"正在"两个字，即"新近和正在发生的"；第二个要素是真实性，新闻必须是事实；第三个要素是公开性，事情报道出来了才可以称为新闻。所以这个定义说全了就是"新闻是新近和正在发生的事实的报道"。

新闻是客观存在的，一旦报道出来它就有了两重性：阶级性和社会性，只要世界上有国家存在，有阶级存在，新闻就是为这个国家的统治者服务的。有些科技消息、自然生态等方面的消息是属于全人类共享的，对任何国家的人民都是有益的，这些新闻彰显的就是它的社会性，播这些信息的时候以清楚、新鲜为主，不能浊声浊气的。例如下面这篇报道：

冰　葬

瑞典生物学家苏珊妮研究出了一种新的埋葬方式"冰葬"，她声称这个方式比土葬或火化更具成本效益，而这项技术将在西班牙首度进行。

由于地球上的土地正在快速减少，坟场的大量占地也让都市发展计划受到阻碍。因此苏珊妮研发出"冰葬"技术，先将遗体放在特制的仪器中，利用液氮以 −200 摄氏度左右低温冷冻人体，借此改变身体内部构造，将体内的水分冷冻到变得干燥易碎。接着晃动人体，直到遗体被"震成骨灰"。

这些骨灰会被放入小袋子里，随后埋进浅坟中。无法被分解的牙齿等组织，都会交由亲友处理。苏珊妮指出："这些骨灰是有机的，仍然是土壤的食物。甚至还可以成为鸟类、鱼类或其他任何生物的食物。"

苏珊妮研究这项技术是害怕土葬会对土壤造成破坏。"冰葬"能够在一年之内，让骨灰与土壤完全融合。她表示这有助于减缓气候变化，并让人体真正回归到大自然，并回馈地球。今年 1 月苏珊妮宣布，西班牙将是全球第一个使用冰葬技术的国家。目前她已筹集了超过 320 万英镑（约 2800 多万元人民币）的资金，准备推广到全球。

这类新闻没有阶级性播得清楚即可，用声不要太浊，太用力。
学习一些新闻理论知识有利于我们应用好语气把握住播新闻的分寸。

我国外交部原部长李肇星在一次记者招待会后，走出会议厅的时候，记者追着李外长问的问题就是新闻客观性报道的问题，李外长说："新闻是客观公正的，但是新闻记者是有国籍的。新闻是客观公正的，但新闻记者是有良知的。"这也是对这个问题的最好的回答。回想参加播音工作这几十年，除了"文革"期间，我们经常会参加时事政策的学习，听传达领会宣传精神，以便播新闻时把握好"度"。

我们这一节里说的播新闻要有态度，主要说的就是播音员要把握好新闻的"度"，也就是"分寸"。

　　1972年2月21日上午11点30分，美国总统尼克松乘坐的"空军一号"飞机降落在北京机场。尼克松携夫人走下舷梯，向前去迎接的中国总理周恩来伸出了手，中美两国领导人的手握在一起。从这一刻起中美两国结束了20多年的隔绝状态，国际关系也随之进入了一个新的时代。

　　这是美国总统尼克松访问我国的一条消息，当时中美两国没有建交，对于尼克松访华我们应该持什么态度呢？

　　记得当时给我们传达的对尼克松访华的宣传口径是："不卑不亢，彬彬有礼"。这就是播音员在播送尼克松访华的消息时应该把握的"度"，应该把握的"分寸"。

　　2002年我国广东顺德发现了严重急性呼吸综合症（SARS）并扩散到东南亚乃至全球，包括医务人员在内多名患者死亡，引起了全世界恐慌。

　　当时社会上流传说米醋和板蓝根可以预防这种病，于是市面上出现了抢购米醋和板蓝根冲剂的风潮。那些天，中央人民广播电台每天都会在新闻中播送疫情："今天×××地又发现几例疑似病例，今天×××地几人恢复健康痊愈出院……"

　　作为央广的播音员，每天在播送这些信息的时候你的态度、语气应该怎样？

　　冷漠？不行，这是人命关天的大事。紧张、恐惧？更不行，全国人民都在听，期盼着党和国家采取有力措施控制疫情，你的语气和态度将传递给受众坚定的信念。

　　播大事要有态度，作为国家主流媒体的播音员播送的每次新闻节目，每一条新闻都要有态度：喜庆节日、喜获丰收、重大成就、天灾人祸……因为你是人民的播音员，代表着人民的喜怒哀乐；因为你是党的播音员，传达着党的声音。进入新时代，遍地都是新闻，人人都可以发表言论表明态度，但是最终人们相信的还是主流媒体的声音。说真话，表明态度这是主流媒体新闻人的责任！

第五节　播新闻要有说的意识

一日，和几个学生一起看央视《新闻联播》，是欧阳夏丹和一位男士（记不清是哪位了）播的，他们将新闻提要播得亲切、自然，很有说话的感觉。我问学生："你们说他们这语言样态是播还是说？"有的说："这是播，播新闻联播。"也有的说："很像说话，没有念稿的味儿，很有亲切感！"说实话我也没办法给学生一个明确的答案，欧阳夏丹这样播，听起来很有亲切感，感觉她和我们（受众）的距离非常近，好像面对面和我们几个人说话。

《新闻联播》提要过后，头条新闻是女生配音的时政新闻，立刻感到播音员上了一个台阶，比欧阳夏丹两位播音员"站得高"了，跟我们的距离远了，调门儿升高了，节奏变快了，语速变匀了，有固定的断句格式。听着有一种疲惫感，说的是什么听不清了，不如欧阳夏丹和那位男士播的内容入心了！

一个学生犹犹豫豫地问："老师，这就是播吧？"当时我不能给学生一个肯定的明确的答复，到底什么叫"播新闻"，什么叫"说新闻"，两者之间有什么区别。如何从文字上严谨地给出定义，还是等待专家学者们去研究吧，不过我觉得这恰恰是"有说的意识"的播音语言的特点。它不是书面语言的"有声版"，也不同于一般意义上的口语，它是介于生活口语和书面语之间的一种独特的语言形式，它字正腔圆、呼吸无声、语尾不坠、语势稳健、语流顺畅，有人把它称为"半播半说"。以上是我作为一个老播音员、老记者、老听众从实践的角度谈的感想。

　　欧阳夏丹播的新闻提要是一种介绍的语气，给面前的观众介绍这次的《新闻联播》主要有什么内容，语气像平时说话，听起来自然亲切，感觉和观众的距离很近，好像就在面前一样。从专业角度分析，他们的重音很少，每条消息的内容都交代得很清楚，就像新闻节目中的说话（不失工整，吐字归音清楚且有力度）顺畅、自然。

　　那天《新闻联播》节目头条消息的配音，则明显地感觉是在读，好像他们站得高了，面前的观众广了，跟我们的距离远了，重音多了而且多是砸重音，显得生硬，有些地方还明显地按照句子的词组断句，全篇听起来速度快，"有精神"，实则听不清内容说的是什么，一言以蔽之就是不像说话，是在读，是一种固定的播音腔！这样播有一个好处，就是不容易出错，那种固定的断句方式，固定的腔调，就像一根拐杖，保佑着你往下冲！

　　播音员播新闻是在转述别人写的稿件的内容，应当是一种叙述的语言样态，叙述的语体一定要有说话的意识，这里提到的"说话的意识"是相对"读、念"而言的。

　　"播新闻要有说的意识"指的是在播新闻的时候，播音员脑子里不要有"我是什么什么级的国家播音员，我要把稿件播得怎么怎么样"的意识，那样的话就难免会拿腔拿调；那样的话就会有固定的"播、读"的调子，也就是播音腔。放下你的架子，摆正你的身份，与受众近些，再近些！

　　播新闻要有个意识："我要给受众讲清意思，解读新闻的内容。"至于能不能把消息的内容解读清楚就看自己的水平了！"我像'说新闻'那样说行不行呢？"不行！因为"说新闻"太随意，"说新闻"像生活口语，不够简洁甚至可以添加自己的看法。作为主流媒体的播音员播新闻，必须忠实于原稿，保持播音语言的严肃性、工整性，坚持播音前辈们经过多年实践总结的经验：新闻播音要用小实声，声音坚实洪亮，语言朴实无华，语调平稳顺畅。要知道受众在获取信息的同时听你播新闻也是一种美的享受啊！

我们来看一条消息，这条消息是某家电视台早间新闻节目播出的，尽管我很认真地听，还是没听明白她说的是什么意思，只好录下音来反复听，以下是根据录音整理的。

> 俄罗斯总统新闻秘书佩斯科夫 24 日在接受俄罗斯卫星通讯社采访时表示，目前俄罗斯总统普京和美国总统特朗普会晤的具体日期还不确定，不过佩斯科夫肯定了美国总统国家安全事务助理博尔顿即将访问莫斯科的消息。曾有报道称，博尔顿访问莫斯科是为普京和特朗普会晤作准备。当天佩斯科夫没有就普京和特朗普会晤的消息作进一步的说明，不过美国总统特朗普曾在本月 21 日表示希望 7 月份能与普京举行会晤。有媒体报道说，普京和特朗普 7 月 15 日在维也纳举行会晤，目前俄美两国正在做相关的准备。

为了业务研究，我录了音反复听，终于找到了她的问题所在，她不是在讲意思，而是快速念稿并且有固定的句式，不该停顿的地方停顿了，"俄罗斯总统新闻秘书"在"总统"后面是不能停的，一停意思就变成了"俄罗斯总统、新闻秘书佩斯科夫"了。下面是她的几个断句错误标记出来的文字，是错误的示范。

> 俄罗斯总统 / 新闻秘书佩斯科夫 24 日在接受俄罗斯 / 卫星通讯社采访时表示，目前俄罗斯总统普京 / 和美国总统特朗普会晤的具体日期还不确定，不过佩斯科夫 / 肯定了美国

总统 / 国家安全事务助理 / 博尔顿即将访问 / 莫斯科的消息。
此前曾有报道称，博尔顿 / 访问莫斯科是为普京和特朗普 /
会晤作准备。当天佩斯科夫 / 没有 / 就普京和特朗普会晤的
消息作 / 进一步的说明，不过美国总统 / 特朗普曾在本月 21
日表示，/ 希望 7 月份能与普京举行会晤。有媒体报道说，
普京和特朗普 7 月 15 日在维也纳举行会晤，目前俄美两国
正在做相关的准备。

　　这条消息的层次也没有播清楚，简要地说就是特朗普和普京会晤
的具体日期还没确定，不过美国总统国家安全事务助理博尔顿即将
访问莫斯科的消息是肯定的，据说他去莫斯科就是为普京和特朗普
会晤做准备的。
　　不能用语气和停顿的技巧把层次说清楚，只是一个调子、一个节
奏、一种语速从头念到尾，听众（观众）怎么能听得清你要传达的
意思呢？
　　再来看一条消息：这条消息是某家电视台早间新闻节目播出的，
我们把播音员固定的断句方式一部分标出来，可能会有益于说明问题。

　　中共中央政治局 5 月 29 日下午就加强党的政治建设举行
第六次集体学习。中共中央总书记习近平在主持学习时强调，
马克思主义政党具有崇高 / 政治理想、高尚 / 政治追求、纯
洁 / 政治品质、严明 / 政治纪律。（此处只能听到"崇高""高
尚""纯洁""严明"，而崇高的什么，高尚的什么，纯洁的
什么听不清了。）如果马克思主义政党政治上的先进性丧失
了，党的先进性和纯洁性就无从谈起。这就是我们把党的政
治建设作为党的根本性建设的道理所在。党的政治建设是一

个永恒课题。要把准／政治方向，坚持／党的政治领导，夯实／政治根基，涵养／政治生态，防范／政治风险，永葆／政治本色，提高／政治能力，为我们党不断发展壮大、从胜利走向胜利提供重要保证。（同样，因为她的固定语式使我们听不清夯实什么，涵养什么，防范什么……）

究其原因，一是觉得时政新闻重要就选择了播报式的语言样态（播报式也不能这样），追求字正腔圆，追求所谓的精气神，而不注重句子的完整性，没有说的意识；二是不认真备稿，没有划分好层次导致内容不抱团儿。长期不在内容上下功夫形成了固定的腔调，播音时不是在讲意思，只是在发音，一个词一顿，像是刀切的一样，意思不连贯。

令人着急的还有一位漂亮的女主播，她竟然"不会说话"！这是某天早晨某家电视台早间新闻节目她播送的一条消息：

除了在俄罗斯亲身参加／世界杯的球迷热情似火，在我国，／世界杯／足球元素／也在搅动着人们的生活，／在沈阳航空航天大学的一所食堂内梅西、／西罗等球员／红黄牌等／与足球有关的名词成了一道道可口的菜肴。

我根据录音标出了她停顿的地方，严格地说这不是我们平常所说的播音专业语言表达的问题、停连不准确的问题，只能说这是她很随意、很不负责任的一种"念"，一种下意识的固定腔调。如果只是机械地像公交车上报站名那样，可能还不会引起反感，像这位主播那样"拿一把刀"想在哪儿切就在哪儿切，尽管你面带笑容，让人听不清意思也令人反感！笔者在此想对这位美女大喊一声：甩掉播音腔，好好说话！

第六节　处理好长句子是播好新闻的基本功

这里说的"处理"是说运用播音主持的语言表达的技巧，包括重音、停连、偷气换气、节奏、语气等，把句子表达的意思说明白，让人一听就懂，不费思量。

写广播稿是为"听"而写的，应该尽量用短句子，少用或不用复句，但是一些时政要闻且的外交词语比较严谨、工整简洁、逻辑性强，不能像口头语言那样重复琐碎，必须用比较长的句子来表达，长句子播的意思清楚不清楚，句子顺畅不顺畅，听的人听着舒服不舒服就看播音员处理长句子的功底了。著名播音员林如老师曾经说过："我这一辈子就做了一件事，那就是处理好长句子。"确实如此，老播音员们为如何播好长句子倾注了毕生的精力。处理好长句子的基础是把长句子的意思理解清楚、准确，这时候就需要看播音员的语言功底了。例如：

国家发展改革委办公厅、最高人民法院办公厅、民航局综合司、铁路总公司办公厅四部门日前下发《关于落实在一定期限内适当限制特定严重失信人乘坐火车、民用航空器有关工作的通知》（下称《通知》）。《通知》称，最高人民法院分别与民航局、铁路总公司建立了数据传输通道，并实现了名单信息互联共享，因此仍然保持原数据传输通道和信息共享方式不变，全国信用信息共享平台不再重复推送名单信息。

先要搞清意思：下发什么通知？"限制特定严重失信人乘坐火车民用航空器有关工作的通知"；限制多长时间？"在一定期限内""适当"。把意思搞明白了，就要确定在哪儿断句比较合适呢？"发改委、最高人民法院等四部门"后面可以偷一口气（浅吸），"联合下发"不必强调，带过去即可，"下发"后面要深吸一口气（扬停），因为你后面的句子很长，注意此处要停而不断。"实现"后面可浅吸气。"失信被执行人员名单，信息共联共享"就不要停顿了。

再看一条消息：

> 今天（7月10日），国家广播电视总局下发了〔2018〕44号文件，要求各视频网站对暑期内网络综艺节目的导向、内容进行把关，持续清理低俗有害节目，对于偶像养成类节目、歌唱才艺竞秀类节目从主题立意、价值导向、思想内涵、环节设置等方面进行评估，坚决遏制节目过度娱乐化和宣扬拜金享乐、急功近利等错误倾向。

理解是基础，这个文件主要说的是什么内容呢？一是对暑期内网络综艺节目的导向内容进行把关，持续清理低俗有害节目；二是从哪几个方面进行清理呢？"从主题、立意、价值导向、思想内涵、环境设置等方面进行评估，坚决遏制……"播好长句子就要把这个层次播出来。

我们还选了一些长句子，放在这一章综合练习里，请大家思考如何播好。

处理好长句子的关键是在理解的基础上找准停顿和连接的地方，该换气的地方大胆地吸气，不该换气的地方要会偷气、补气。偷气、补气的地方要快速平稳，不要让听众感觉到，听众感觉到了就不叫偷气、补气了，那叫捯气。千万不要觉得我年轻气息足，一口气地往下冲。冲下来了你也憋得脸红脖子粗了，播的是什么听众一点也没听明白，而且还常常出错，打结巴、"吃螺蛳"。

看例稿"据韩国媒体今天报道（此处吸足气）韩美就将在明年到期的（此处补气，'的'字上扬一点不要断，快速补气）战时作战指挥权移交时期推迟到 2020 年以后的有关问题进行了磋商，（此处换气，把气吸足）双方就移交时期和移交方式等内容交换了意见"。此处一句话说完就要把句子收住。建议同学们先做好案头工作，在备稿的时候做一点记号，在可以偷气的地方画个"√"，在不能停的地方画个连接号" ⌣ "，熟练了就可以不做记号了。

有的年轻播音员可能会说："我身体好，底气足，我不需要停顿。我可不可以一口气番下来？"不行！停顿是在两种需要的情况下进行的。一种是生理需要，气息不够用的时候要运用停顿；还有一种是感情需要，讲清意思的需要。要讲清意思就要有快有慢，有停连，有高低，有松紧。你气足可以一口气下来那不就成敲电脑了吗？

融媒体时代，这个基本功也是不能丢的，句子处理不好，新闻的意思就表达得不清楚，甚至会造成误解。

综合练习

本章主要讲述了播好新闻的基本要求和老播音员们的宝贵经验。

面对遍地都是麦克风，人人都是传播者、碎片性阅读，滚动式收听（收看）的新形势，主流媒体新闻节目的播音员、主持人，要不忘记根本，走坚持正确的创作道路。下面针对当前一些电台、电视台的实际播出情况，我们选择了一些练习题，供大家练习。

本章综合练习共分三个部分：1.划分层次，播得抱团儿练习；2.播好引用语练习；3.播好长句子练习。每个部分都有不同的侧重点。希望读者在练习时，要在全面掌握播新闻技巧的基础上，还特别要注意训练的重点。

第一部分：划分层次，播得抱团儿练习

1.国务院总理李克强主持召开国务院常务会议

国务院总理李克强今天主持召开国务院常务会议确定进一步积极有效利用外资的措施，推动扩大开放促进经济升级；决定较大范围下调日用消费品进口关税，更好地满足群众多样化消费需求；部署建立残疾儿童康复救助制度，给他们更多帮扶和关爱。

会议指出，要按照党中央、国务院部署，营造更加公平透明便利的外商投资环境，推动形成全面开放新格局，努力保持我国作为全球外商投资主要目的地地位。一要落实取消或放宽汽车、船舶、飞

机等制造业领域外资准入限制的承诺。完善合格境外投资者制度，支持外资金融机构参与地方政府债券承销。二要在 7 月 1 日前修订完成外商投资准入负面清单。将清单内投资 10 亿美元以下的外资企业设立及变更，下放至省级政府审批和管理。简化外国人才来华工作许可。三要保护外资合法权益。严打侵权假冒等行为，大幅提高知识产权侵权法定赔偿上限。四要强化国家级开发区重要平台作用，带动提高利用外资水平。五要用好信贷、社保等支持政策，引导外资更多投向中西部和现代农业、生态建设、先进制造业、现代服务业。

训练提示：

①首先要划分好层次，思考这次会议决定了几个问题。可以先由几个同学准备，每个人介绍一个问题，把这个问题说清楚，表达的意思要连贯，让听的人听着不费劲。

②再由一个同学把几个问题连起来说，完整地播送这条新闻。

③待把几个问题说清楚后，再加快速度播，快而不乱，不平不蹦字，注意用语气、停顿的技巧，把握住层次的变化。

④注意对象感和分寸。

2. 浙江早稻平均亩产居全国第一

记者从浙江省农业厅获悉，2013 年浙江省早稻生产实现面积、亩产、总产"三增"。其中，全省早稻平均亩产达 415.3 公斤，比全国早稻平均亩产高 21.1 公斤，位居全国第一。

2013 年，浙江省早稻播种面积为 172.67 万亩，比上年增长 4%，扭转了连续多年下滑局面，平均亩产 415.3 公斤，总产 71.71 万吨，同比分别增长 3.2% 和 7.2%。特别是早稻单产继 2011 年位居全国首位后，再次夺得全国冠军。

"种粮扶持政策以及规模经营的较高效益激发了农户种粮积极性。"浙江省农业厅相关负责人表示，目前浙江已经出台种粮大户直补、集中育秧补助、机插秧补助、水稻统防统治补助等多项补助奖励政策，调动了农户种植早稻的积极性。同时，浙江农业规模经营程度提高，种粮大户、专业合作社、家庭农场选用优良品种、先进技术，科技增产优势开始显现。

训练提示：

这条消息训练的重点是划分好层次，先做好案头工作，把层次划分好，才能把每个层次播得完整抱团儿。选择重音要少而精，不是重音的地方要敢于带过去，不要过分强调。这是一条好消息，不要播得太冷、太客观，但也不要调门太高。注意广播新闻要适宜听，可把复句改成单句，"平均亩产 415.3 公斤，总产 71.71 万吨，同比分别增长 3.2% 和 7.2%" 改为 "平均亩产 415.3 公斤，同比增长 3.2%；总产 71.71 万吨，同比增长 7.2%"。

3.保健品的包装将有变化

国家市场监管总局 20 日在北京召开新闻发布会表示，2020 年起，市场上的保健用品必须在其包装注明"保健食品不是药物，不能代替治疗疾病"的内容，保健品市场或将告别"包治百病""灵丹妙药"式的浮夸宣传。

据悉，为指导保健食品警示用语标注，使消费者更易区分保健食品与普通食品、药品，引导消费者理性消费。国家市场监管总局等部门日前发布了《保健食品标注警示用语指南》(以下简称《指南》)和《保健食品原料目录与保健功能目录管理办法》(以下简称《办法》)。

《指南》要求，"保健食品不是药物，不能代替药物治疗疾病"的警示用语区应当位于最小销售包装包装物（容器）的主要展示版面，所占面积不应小于其所在面的 20%，使用黑体字印刷。

国家市场监管总局相关负责人表示，《指南》将于 2020 年 1 月 1 日起正式实施。下一步，将指导各级市场监督管理部门严管保健食品，严打虚假宣传，净化保健食品市场。

将于 2019 年 10 月 1 日起正式实施的《办法》也对保健产品做出明确规定：存在食用安全风险以及原料安全性不确切的；无法制定技术要求进行标准化管理和不具备工业化大生产条件的；法律法规以及国务院有关部门禁止食用，或者不符合生态环境和资源法律法规要求等其他禁止纳入情形的，不得列入保健食品原料目录。

据国家市场监管总局有关负责人介绍，原料目录和功能目录将成熟一个，发布一个。随着目录不断扩大，备案产品增多，注册产品减少，生产企业和监管部门的制度成本也会降低。

训练提示：

　　拿到一篇稿件要用"备稿六步"认真分析，这里提示的主要是如何划分层次播得抱团儿。

　　这条消息划分几个层次？

　　第一自然段是这条消息的导语。导语要播得简洁鲜明，让人一听就知道这条消息主要说的是什么事。

　　第二、三、四自然段可以合并为一个大层次，具体解释《指南》和《办法》的内容。这个大层次里面又分三个小层次：第一个小层次是这个大层次里面的第一段，主要说为什么要下发《指南》和《办法》两个文件；这个大层次里面的第二、三自然段可以合并为一个小层次，主要说《指南》的具体内容，这个大层次里的第四自然段是一个小层次，主要说《办法》的具体内容。

　　消息全文的第五自然段是这条消息的结尾部分。

　　播的时候大层次之间停顿时间略长一些，每个小层次之间要连得紧一点，这样就会播得抱团儿，意思清楚。当然只靠停顿是不够的，还要注意语气和节奏的变化。

　　划分好层次还要找出重点，很明显第二个大层次是全篇的重点。值得注意的是每个小层次里也有重点，不是重点的部分要敢于放松不要太用力，把它带过去，说清楚就行了。稿子分析好了就要上口念一念，注意用小实声！

4. 2018年中央经济工作会议在京举行（节选）

　　会议指出，今年三大攻坚战初战告捷，明年要针对突出问题打好重点战役。打好防范化解重大风险攻坚战，要坚持结构性去杠杆的基本思路，防范金融市场异常波动和共振；打好脱贫攻坚战，要重点解决好实现"两不愁三保障"面临的突出问题，加大"三区三州"等深度贫困地区和特殊贫困群体脱贫攻坚力度，减少和防止贫困人口返贫；打好污染防治攻坚战，要坚守阵地、巩固成果，聚焦做好打赢蓝天保卫战等工作，加大工作和投入力度，同时要统筹兼顾，避免处置措施简单粗暴。

训练提示：

　　这条消息的练习重点是要把打好三个重点战役播清楚，要层次分明，意思完整。这一段总的意思是"明年要针对突出问题，打好重点战役"，有哪些重点战役呢？

　①打好防范化解重大风险攻坚战

　②打好脱贫攻坚战

　③打好污染防治攻坚战

　　每一个攻坚战的内容要连得紧一些，不要断，每一个攻坚战的内容说完了可以吸一口气再说下一个攻坚战的内容。每一个攻坚战都是一个小层次，三个攻坚战合起来就是一个大层次！

5.国务院印发《关于国务院机构改革涉及行政法规规定的行政机关职责调整问题的决定》

经李克强总理签批，国务院日前印发《关于国务院机构改革涉及行政法规规定的行政机关职责调整问题的决定》。

《决定》的内容主要包括：在保障行政机关履行职责和开展工作的连续性方面，《国务院机构改革方案》确定由组建后的行政机关或者划入职责的行政机关承担的，在有关行政法规规定尚未修改或者废止之前，调整适用有关行政法规规定，由组建后的行政机关或者划入职责的行政机关承担；相关职责尚未调整到位之前，由原承担该职责和工作的行政机关继续承担。地方各级行政机关承担行政法规规定的职责和工作需要进行调整的，按照上述原则执行。

训练提示：

要把这个规定说清楚确实不易。广播一听而过，怎么才能让听众听清楚"规定"的实质内容呢？能不能用删繁就简法先把最主要的内容提出来：组建后的行政机关在法规修改、废止之前由组建后的单位承担，还没有调整到位的，由原单位承担。

抓住了这个主干，你就知道哪些地方要强调，哪些地方应该一带而过了。最容易犯的错误是：越是觉得此件重要，越平均使用力量，见字就砸，就越说不清意思了。

文件是供人们看的，是让人们逐字逐句研究照办的，是非

常严谨的，是不适宜听的。试试看，你作为主持人，把这个
决定说给人们听，解释给听众行不行？说的时候可以把长句
子改一改。

6. 我国激光测距技术重大突破：多次成功实现地月距离测量

　　新华社消息：记者 8 日从华中科技大学举办的天琴空间科学任务
研讨会上获悉，自今年 6 月 8 日以来，我国天琴计划团队已多次成
功实现地月距离的激光测量，并在国内首次得到月球上全部五个激
光反射镜的回波信号。这标志着包括我国在内，全世界共有五个国
家具备了激光精准测量地月距离的技术能力。

　　地月激光测距是以脉冲激光器作为光源对地球与月球之间的空
间距离进行精准测量，是开展天琴计划空间引力波探测必须攻克的
关键技术。位于中山大学珠海校区的天琴计划激光测距台站，在不
到 1 年时间内完成台站建设，并实现高精度地月距离测量，这是天
琴计划 "0123" 路线图中的 "0" 步骤。记者获悉，天琴计划 "0123"
路线图中的 "1" 步骤，即国内首颗由国家立项面向未来引力波空间
探测技术试验卫星预计将于今年底进行发射。

　　天琴计划是中国科学院院士罗俊于 2014 年 3 月在华中科技大学
的一次国际会议上提出、以我国为主导的国际空间引力波探测计划。
据悉，自 1994 年开始，罗俊在华中科技大学引力中心开始布局空间
引力波探测研究，20 多年来积累了若干关键技术，储备了一批优秀
人才。此次天琴空间科学任务研讨会吸引了国内外 42 个高校和科研
单位的近 300 位学者参加。

训练提示：

先将原文改编成适宜广播的口语广播稿，然后划分层次，找出重点，参考前面练习 4、5 的训练提示进行练习。

7. 2019 年中央经济工作会议（节选）

2019 年 12 月 10 日至 12 日中央经济工作会议在北京举行，我国主要媒体都进行了报道，我们这里选的是央广新闻中的一小段，主要练习划分层次播得抱团儿。

这一段是这样的：

会议确定，明年要抓好以下重点工作。一是坚定不移贯彻新发展理念。理念是行动的先导。新时代抓发展，必须更加突出发展理念，坚定不移贯彻创新、协调、绿色、开放、共享的新发展理念，推动高质量发展。各级党委和政府必须适应我国发展进入新阶段、社会主要矛盾发生变化的必然要求，紧紧扭住新发展理念推动发展，把注意力集中到解决各种不平衡不充分的问题上。要树立全面、整体的观念，遵循经济社会发展规律，重大政策出台和调整要进行综合影响评估，切实抓好政策落实，坚决杜绝形形色色的形式主义、官僚主义。要把坚持贯彻新发展理念作为检验各级领导干部的一个重要尺度。

训练提示：

　　这段话的意思很清楚，主要说的是明年中央要抓的几项重点工作。我们先来划分好层次：

　　明年要抓好哪些重点工作呢？

　　首先要抓的是"坚定不移贯彻新发展理念"。为什么要先抓理念呢？因为"理念是行动的先导"。新时代怎么抓发展呢？"必须更加突出发展理念，坚定不移贯彻创新、协调、绿色、开放、共享的新发展理念，推动高质量发展。"接下来的内容是各级党委和政府应该怎么做了。我们这里不做分析，只有把语句之间的关系搞清楚、讲明白，听众才能听着省劲，容易理解内容。语句关系讲不清楚，听起来就会是白茫茫的一片了。不讲意思，一个节奏地念，固定的断句格式那可就是播音腔了，必须甩掉，回到"讲""说"的语言样态中来！

8. 美舰节日"添堵"，我海军照驱不误

　　据报道：13日，美国导弹驱逐舰"韦恩·E.迈耶"号在半个月的时间内第二次执行所谓"航行自由行动"，非法进入我国西沙群岛。中国人民解放军南部战区海空兵力依法依规对美舰全程进行跟踪监视和查证识别，并予以警告驱离。

　　8月28日，"韦恩·E.迈耶"号驶入中国南海永暑礁和美济礁12海里范围内。

一段时间以来美国军方很喜欢在中国重大节日期间意外出现。今年2月11日（正月初七），两艘美国军舰斯普鲁恩斯号驱逐舰和普雷贝尔号驱逐舰，打着维护航行自由的幌子，擅自闯入南沙美济礁12海里内。2018年国庆节前一天，美国海军"迪凯特"号导弹驱逐舰擅自进入中国南海有关岛礁邻近海域。

按照中国老礼儿来说，这明摆着是人家家里办喜事，它却要上门来添堵。不过也好，因为解放军节假日尤其要练兵备战，美军的出现自然是最佳陪练。

中国军队每逢节假日要提高战备等级，这其中包括对海上巡逻、侦察，以及可疑目标的跟踪监视。无论美国军舰来或不来，海上战斗值班舰艇都在履行职责，确保海上方向的安全。美方军舰的出现，一方面可以陪着海军官兵"过节"，让海上生活不那么"寂寞"，另一方面提高了海军实战化的水平。提高了对海上目标的搜索、发现、判别、跟踪、监视等能力。

事实也证明了这一点，无论美军舰何时在任何方向闯入中国领海，都会有中国海军在场，合法地确认和核实，并警告其离开。

中国对南海诸岛及其附近海域拥有无可争辩的主权，无论外军舰机以何种方式挑衅，都无法改变这一事实。我战区部队将忠实履行职责使命，采取一切必要措施，坚决捍卫国家主权安全，坚决维护南海和平稳定。

📻 **训练提示：**

① 划分好层次，这条消息第一层次就是第一段，也就是导语；第二个层次里面又分三个小层次：第一个小层次是说美

舰经常在我国节日前后出现在我海域；第二个小层次是说我军常备不懈并幽默地说这是来陪我海军战士过节；第三个层次再次表明我海军态度：来，必驱之，坚决捍卫国家主权。

② 确定基调。这条消息与一般的"声明""警告"有所不同，那么播这条消息的基调应该是什么？调门不宜太高，以讲述为主，诙谐幽默中透着庄重，而不是贫嘴滑舌。播好新闻的三个基本要求：一是讲清事实；二是要有态度，把握好分寸；三是不同新闻要用不同的语气！想想看如何把这三点体现出来？播好这条新闻就能知道你是否把握住了这三个基本要求。

第二部分：播好引用语练习

下面这几条新闻主要训练如何播好新闻中的引用语。

★ "坚持人民至上"是中国共产党成功的关键——驻华大使热议学习中共十九届六中全会精神

19 日，中共中央对外联络部以线上线下相结合的方式举办中共十九届六中全会精神专题宣介会。来自全球 160 多个政党和组织机构的 500 多位代表以及近 100 位在京驻华使节出席。

俄罗斯驻华大使杰尼索夫在参加宣介会时这样说："我认为，世界各国的朋友，包括俄罗斯在内，只要想同中国进一步发展友好关系，都应该了解中共十九届六中全会精神。因为如果不了解中国共产党的目标和追求，就不可能读懂中国。"

杰尼索夫表示，中国共产党始终坚持人民至上，十分令人钦佩。"我认为，正是因为人民至上的思想，中国共产党才能取得包括消除绝对贫困和全面建成小康社会在内的一系列无与伦比的成就。"

"一些西方国家拼命想当'民主灯塔'，妄图自己来评判他人、分割世界，这是非常恶劣的行径，绝不会得逞。"采访中，杰尼索夫还谈到了中国的全过程人民民主，他说，民主不应该是生搬硬套或者被强加给一个国家，而应当是一个国家倾听本国民众的呼声、自然而然的选择。中国的经济发展取得了非常大的成就，中国人民生活的幸福感不断提升，这都说明中国的民主是最适合本国国情的。

★英国国防部：不明飞机接近领空 英军台风战机紧急升空

据路透社消息，英国国防部表示，在发现不明飞机接近其领空后，英国战机紧急升空。

英国国防部一位发言人称："在皇家布里兹诺顿空军基地一架空中加油机的支持下，洛西茅斯空军基地已启动'台风'战机应对接近英国相关地区的不明飞机。"

发言人还称："在这项正在进行的行动完成之前，我们不会提供任何额外细节。"

★俄驻美大使：乌克兰获得的致命武器落入极端分子之手

据俄罗斯卫星通讯社 23 日消息，俄罗斯驻美国大使安东诺夫表示，西方国家任意解释国家出口管制法，简化出口许可证批准程序，为乌克兰提供致命武器，导致这些武器流入极端分子手中，这对欧洲和全球安全构成直接威胁。

安东诺夫质疑："难道西方国家没有意识到，从全球各地来到欧洲的暴徒在乌克兰获得了战斗经验，以后就可以在任何地方为所欲为？供给乌军的导弹武器在整个欧盟和邻近地区扩散，西方难道不明白这些武器会对民航飞机造成危险？"安东诺夫最后呼吁美政客"摆脱幻想和自满"，这些武器也存在落入美国境内极端分子手中的可能性。

★美英澳核潜艇合作引发担忧 俄代表表示相关合作是对核不扩散体系的冲击

当地时间 1 日，俄罗斯常驻维也纳联合国代表乌里扬诺夫表示，俄方认为美英澳核潜艇合作是对国际核不扩散体系的严重冲击。澳大利亚是《南太平洋无核区条约》签署国，"需要判定相关合作与澳大利亚对南太平洋无核区的义务是否相符"。乌里扬诺夫还表示，美英澳三国对国际社会隐瞒核潜艇合作进展，"这很不正常"，俄方希望有关国家更加透明，及时通报情况。

★曾驻扎阿富汗的美国老兵不到 2 周逃离乌克兰坦言"确实尴尬"

据美国军事网站"Task & Purpose"22 日报道，美国一名退伍老兵赴乌克兰参战，但不到两个星期就决定离开，坦言"确实尴尬"。

这名美国老兵名为勒（Hieu Le），2012 年曾被派往阿富汗。当地时间 21 日晚间，勒与其他决定跑路的"外籍军团"人员一同前往乌克兰西部。这意味着，他们将放弃在乌行动。

勒受访时坦言："这么快就离开，我确实感到很尴尬，但你有没有见过如此可怕和令人心碎的事情，以至于无法继续，对我来说就是这样。"

"Task & Purpose"报道称，勒的离开恰逢"外籍军团"内部出现动荡。一名记者透露，乌克兰方面在军事行动表现平平后，突然解雇了第一批报名参加"外籍军团"的人员。与此同时，"外籍军团"的人员组成也十分堪忧，人员审查过程也有很多不足。勒说，他的宿舍里都是一些自称"前特种作战人员"的"外籍军团"人员，但他们都缺乏专业精神。

"他们每天都在服用安非他明等，谁知道他们还偷运了什么毒品到战区"，勒说，"他们基本上都在为所欲为，乌克兰军官要么允许，要么无力阻止。"

★美国防部发言人重申"不会出兵乌克兰"

当地时间 22 日，美国国防部发言人柯比在接受美国福克斯电视台采访时再次强调，"美国不会派遣美军到乌克兰作战"。

柯比称，美国"只专注于两件事"：第一，确保乌克兰"继续像以往一样捍卫自己的国家"；第二，美国"每天都在运送物资到欧洲，以确保北约东翼的安全，同时确保北约成员'知道美国对保卫北约每一寸领土的承诺'"。

柯比还称："如果一个拥有战机的主权国家，例如波兰或其他任何国家，希望将战机提供给乌克兰，美国不会试图否决或阻挠。"

训练提示：

① 有人说"没有重音就是没有态度"，这话不错，但有时候没有重音就是态度。想想看，如何处理这几条消息里的引用语。

② 播这几条消息的基调是什么？把握好感情的"度"也就是把握住"分寸"。

★外交部发言人汪文斌就汤加火山爆发答记者问

1 月 15 日，汤加海域火山持续爆发并引发海啸，对汤造成灾害性影响。对此，外交部发言人汪文斌在例行记者会上表示："中方十分关注汤加火山爆发并引发海啸、火山灰等灾害。中国驻汤加使馆第一时间启动应急预案，多方了解中国公民受灾情况，目前未接到中国公民伤亡的报告。"

"中国和汤加是全面战略伙伴。中方向汤加政府和人民表示深切的同情和诚挚的慰问，愿应汤方要求提供力所能及的支持和援助。"

★外交部发言人华春莹就巴基斯坦政府公布达苏恐袭事件调查进展答记者问

8 月 12 日，巴基斯坦政府召开新闻发布会，公布巴方对达苏恐袭案调查的最新进展，称该案在阿富汗策划，由"巴塔"斯瓦特分支具体实施；袭击者在阿富汗受训，其使用的车辆系从阿富汗购入；部分嫌疑人已在巴被捕，其余人员现在阿富汗境内；袭击者所属恐怖网络得到印度、阿富汗情报部门支持。对此，外交部发言人华春莹在例行记者会上表示："中方高度关注巴方对有关恐袭事件调查工作在较短时间内取得重大进展，对巴方所作积极努力表示赞赏。目前，巴方进一步调查仍在进行之中。双方将按照两国领导人达成的重要共识，查明所有事实真相，在此基础上追究和严惩肇事真凶。同时，双方将继续升级和强化安保合作机制，确保中方在巴项目、人员和机构安全。"

"恐怖主义是全人类公敌。中方坚决反对任何势力利用恐怖主义谋取地缘私利，呼吁地区国家合作铲除所有恐怖组织，维护各国共同安全和发展利益。"

📻 **训练提示：**

　　播音员播新闻，理解是基础，你在准备新闻的时候，理解了吗？

第三部分：播好长句子练习

　　下面选的这些长句子中的一部分是笔者（向东）在收听央广新闻的时候没有听清楚的，换句话说是播音员播的意思不够清楚，我反复听录音整理出来供大家练习。

　　1. 澳大利亚、中国、法国卫星连续在南部印度洋发现疑似物体引发了各国搜救力量的高度重视，尤其是中方加大了搜救力量的投入。

　　（提示：注意"澳大利亚、中国、法国卫星"一句是三国的卫星而不止是法国卫星。想一想如何处理。）

　　2. 外交部发言人洪磊表示尊重各方合理关切和正当权益，实现克罗米亚问题的妥善处理和解决。

　　（提示：注意"实现克罗米亚问题的妥善处理和解决。"与前面的话是什么关系，怎么播？）

　　3. 广州公积金贷款政策再次酝酿重大调整。广州住房公积金管理中心官网公告栏中公布广州住房公积金个人住房贷款实施办法（征求意见）和关于广州市住房公积金贷款有关问题的通知（征求意见）。

（提示：在哪儿可以偷气？哪些地方可以带过？）

4. 记者从有关部门获悉，安徽省将在 9 月 15 日前对 2005 年以来所建万村千乡市场工程项目进行一次集中清理整治，违规的企业和农家店将列入黑名单，不再享受国家和省里相关专项资金的支持。

（提示：怎样才能把"万村千乡市场工程项目进行一次集中清理整治，违规的企业和农家店将列入黑名单，不再享受国家和省里相关专项资金的支持。"这一长句子播完整？）

5. 中宣部等四个部门日前联合下发通知，要求在今年清明期间全社会广泛开展"纪念先烈报效祖国，圆梦中华"活动。

6. 通知要求各地各有关部门精心组织策划，使广大干部群众和青少年学生便于参与、积极参与，增强培养和践行社会主义核心价值观的自觉性和主动性。

7. 今年北京将研究家庭医生签约服务费纳入医保报销的相关政策。

8. 巴勒斯坦官员 11 日指责以色列限制释放巴勒斯坦在押人员的新法案破坏中东和平进程。以色列部长级立法委员会通过的新法案规定以色列法庭有权否决以色列总统赦免以及减少因谋杀罪入狱的犯人刑期的决定。

（提示：巴勒斯坦官员指责什么？怎样才能把这句话说完整且不憋得慌？第二句话跟第一句话是什么关系？怎样播才能把这种关系体现出来？）

9.昨天内蒙古自治区政府召开主席办公会议，研究腾格里工业园区环境污染问题整治工作。会议要求阿拉善盟抓紧制定和完善废水污染处理、遗留环境问题处理、环境影响检测、园区企业全面排查、园区环保配套工程建设和信息公开、接受社会监督等一揽子综合治理方案，力争用最短时间使整治工作见到明显成效。

（提示：会议要求阿拉善盟抓紧制定和完善什么？在哪儿偷气合适？）

10.到10月底，海口市还有8639名人员没有进行2014年城乡居民社会养老保险待遇领取资格的认证。根据有关规定，海口市从2014年7月1日至2014年9月30日在全市开展2014年度的城乡居民待遇领取人员资格认证，海口市城乡居保的待遇领取人员均列入本次资格认证的范围。

（提示：第一句话的重音是什么？其他的要不要强调？）

11.白宫国家安全部顾问本罗兹表示美国总统奥巴马下周在澳大利亚布里斯班举行的20国集团峰会的间隙将与欧洲国家领导人谈论乌克兰危机。本罗兹说奥巴马本周在北京出席APEC峰会和俄罗斯总统普京非正式交谈的时候呼吁俄罗斯尊重今年9月乌克兰政府和莫斯科支持的东乌克兰民间武装之间达成的停火协议。

12.今天在中央纪律检查委员会官方网站进行以"用好巡视这把利剑"为主题的在线访谈中，中央巡视工作领导小组办公室副主任张本平表示全国政协原副主席苏荣、曾任云南省委书记的白恩培等高官被查的线索均由巡视获得。中央巡视组还在工作中发现了被巡视地区和单位管理的一大批厅局级、县处级领导干部涉嫌违纪违法问题线索，其中还有一部分是市、县和厅局的"一把手"。

训练提示：

　　这里选的长句子都不是完整的一条新闻，练习的时候可以自行把它改写成简明新闻练习。

甩掉播音腔　紧跟新时代

第一节　播音员、主持人与主播

进入互联网时代，广播电视不那么吃香了，因为受众获取消息的渠道多了，收听收看的环境变了，过去收听广播要在收音机旁，看电视新闻要端坐在电视机前，现在随时随地打开手机不但可以听声音而且可以看视频，碎片式传播让人人都可以在微信、微博上发消息。有人说广播电视台好日子过去了，就连一些大学也为了适应新形势的要求把专门培养播音员主持人的"播音系""播音主持专业"更名为"口语传播系""语言传播系"。

据了解，中央人民广播电台第一套节目（新闻综合频率）于2004年1月1日正式更新了呼号，现呼号为"中国之声"。

在这前后，中央人民广播电台的播音员们陆续分配到各个频率。既参加本频道的编辑采访工作，又担当这个频道节目的播音员、主持人，走上了采编播合一的道路。

随着编制的改变，节目样式也在改变，过去常见的"现在播送""现在报告"少见了，高高在上的"一对众"的说教式的宣传少见了。

节目样态在变，收听收看的环境在变，受众的心理也在变，那么多年形成的播音语言样态要不要变？多年总结创建的播音理论要不要变？答案是肯定的。

《中国播音学》是播音前辈们多年经验的总结，是指导播音实践和教学的理论基础。但是我们也必须清醒地认识到任何一部成熟的理论都是经过时代的检验，随着时代的发展变化而不断调整，逐渐成熟起来。《中国播音学》也不例外。对于传统理论，我们不是否定取代，而是对原有理论的不断积累、发展和调整，使之更适合新时代的要求。

《中国播音学》将播音语言的特点归纳为"三性""三感"。"三性"即规范性（语言规范，清晰顺畅）、庄重性（真实可信，落落大方）、鼓动性（情真意切，爱憎分明），"三感"即时代感、分寸感和亲切感。

多年来，"三性""三感"是高校播音主持专业教学的重中之重，也是各级广播电台以老带新传承的重要内容。然而这一经典理论在实践中也是要随着时代的进步而变化的。十年"文革"，播音员们都是扯着嗓子喊，一个比一个调门儿高，因为这是对无产阶级文化大革命的态度问题，这是对党的感情问题，哪里还谈得上亲切感。

1978 年，党的十一届三中全会重新确立了实事求是的马克思主义路线，抛弃了"以阶级斗争为纲"的方针，作出把党的工作重心转移到社会主义现代化建设上来的决定。中国历史进入了社会主义现代化建设的新时期，中央人民广播电台开始降调。中国播音学提出的播音语言的"三性""三感"也在悄然发生变化，亲切感更加突出了，鼓动性在淡化，甚至很少体现！

实践证明，播音语言的样态同样是随着时代的变化而变化的。然而，怎么变确实是一个值得深入研究的问题，这不是一个简单的降调儿的问题。人民广播走过了几十年道路，几十年来，老播音员的优美动听的声音，字正腔圆的吐字归音，充满激情的播音迷倒了无数追随者，他们把播音员视为自己的偶像，模仿老播音员的声音，追随老师、老播音员的气势，有的却忽略了播音的根本，不在内容上下功夫，片面理解字正腔圆，久而久之形成了一种固定的腔调，无论播什么内容，都是这一种断句的格式，以不变应万变，虽然听起来顺畅、少差错，但是听不清楚所传达的内容，令人厌恶！没错，这种固定的腔调就是播音腔！

在这一节里我们首先明确一下，播音员、主持人和主播的定位和职责。

现在人们常常把播音员和主持人连在一起，好像播音员和主持人是同一种工作，一种职责。其实不然，播音员不等于主持人，他们的职责有很大不同。广播电台、电视台的播音员的工作是"播送"，播送别人写好的稿件，把别人写好的文字稿转换成有声语言传播出去。他必须忠实于原稿（但又不是传声机器），不但要传达意思，更要传达感情。把作品（包括新闻、评论等）的思想感情传播出去，所以说播音员的工作是二度创作，属于第三人称再转述，再传播。

"本台消息""本台记者报道""新华社消息""新华社北京 × 月 × 日电""人民日报今天发表评论员文章，文章说……""现在播送……"这些用语都体现出播音员的职责：以第三人称在播送别人写好的稿件。

而主持人则不然，主持人是以第一人称在和观众、听众进行直接的面对面的交流。当然，作为主流媒体的节目主持人，是代表媒体和观众听众进行交流，在交流过程中起主导作用（驾驭节目进程），所以主持人一开始就要参与节目策划，了解节目的宗旨、进程。主持不是把别人写好的文字转换成口语，而是整合新闻信息后，在自己头脑中生成的语言（信息可以来源于记者采访到的、兄弟媒体的、网络查阅的资料，或自己的所见所闻）。

播音员在准备稿件的时候首先考虑的是这条消息说的是什么事，为什么要说这件事，怎么才能把这条消息播清楚。而主持人则不然，主持人是第一人称，他们在准备稿件的时候或者说准备主持一档新闻节目的时候，首先要考虑的是节目的框架、节目的流程，选择什么内容，邀请谁做嘉宾，他们所要体现的是栏目组制定的节目意图和宗旨。

播音员不能像主持人那样说新闻，虽然进入了融媒体时代，"新闻宣传"正在向"新闻传播"转换，作为传统媒体新闻节目的播音员仍然要保持新闻语言的严肃性、规整性。为了适应新时代的要求要强化亲切性、交流感，强化"说"的意识，减少"播"（念）的痕迹。

而主持人则不然，主持人主持新闻节目就是说话，说有个性的话，在说的过程中直接阐述自己的观点，表明自己的态度。不同的主持人可以有不同的语言风格。

近年来，随着互联网的发展，"主播"这一称谓越来越多地出现在自媒体直播平台，一些主流媒体也在广泛使用"主播"一词。"主播"翻译自英文 Anchor 一词，它开始于 CBS（哥伦比亚广播公司）的第二代当家人沃尔特·克朗凯特。1962 年至 1981 年，克朗凯特担任 CBS《晚间新闻》节目主播，不仅在演播室现场负责组织新闻报道的串联，还从头至尾在节目制作流程中起主导作用，是节目内容的最高领导。

从这几年主流媒体电视台和广播电台的实践来看，新闻节目的主播起着播音员和主持人的双重职能，以播新闻为主（有稿），在节目进行中又要连线前方记者（无稿），与前方记者对话，这又相当于主持人的工作。直接连线前方记者，凸显了新闻的真实性和时效性，能给听众以身临其境的感觉。而传统的新闻节目为了突出声音的特点，强调事件的真实性，常常是以录音报道、录音新闻的形式出现，仍然是"播送"："现在播送本台记者 ××× 采制的录音报道……"从这种事先制作好的带有音响效果的录音报道，到现在连线前方记者的现场报道，这是顺应时代发展的过程。在我国"主播"这一称谓也是由播音员向主持人过渡的最佳称谓。

　　虽然从文字记载来看"主播"比"主持人"出现要早，但从我国的现状来看主播确实肩负着主持人和播音员的双重职责。

　　从职业技能方面来说，对主播的要求也包含了对播音员和主持人的要求，甚至更高。首先，作为一名主播必须具有比较高水平的作为播音员播报新闻的能力。其次，他（她）参与编辑的工作还要求有节目创编的能力，有发现新闻、整合新闻的能力，有即时评述新闻事件的能力，有驾驭节目、果断处理突发事件的能力。作为电视新闻节目的主播，他（她）还应该端庄大方、成熟可信、亲切自然。

　　作为自媒体，已经没有"播音员"这个称谓了，不管是谁，不管在哪儿，也不管他有什么水平，都可以自称为"主播"。他们不代表任何媒体，可在法律允许范围内随意发表自己的看法。

　　主播和主持人，他们的语体一定是从播报的语言样态回归到说话的语言样态中来，亲切地和观众听众进行交流。主持人和主播的口语一定是节目中的口语，而不是生活口语。生活口语一句话绕来绕去啰啰唆唆半天说不清意思，主持人和主播要摆清自己和听众观众的关系，亲切地进行交流，而不是一个人高高在上地宣读什么，"我说我的，你爱听不听"，在主持人主持的新闻节目里，听众可能很少能听到传统的评论语体了，而是介绍，是说话语体。

　　甩掉播音腔，学会说话，语体回归，只是新时代对主持人的要求的一部分。21世纪是知识爆炸的时代，21世纪是张扬个性的时代，对主持人来说更严峻的考验是知识的储备，是个人的修养。播音员、主持人的知识与文化不仅仅是职业担当的问题，更是赖以生存发展的核心竞争力。进入新时代，广大受众正在从被教育的地位转向相互交流，你说我也能说，我也可以对你的信息加以评论、补充甚至质疑，受众在收听收看你的节目的时候增添了审美和愉悦的追求，仅有漂亮的脸蛋、优美的声音远远不能满足观众的需求了，他们希望听到、看到的主持人是有个性的，有内涵的。主持人的修养、气质足够让观众听众佩服、赞赏，才可以与时俱进，才能和听众、观众站在一个水平线上，才有共同的语言，才有相互交流的基础，粉丝才会越来越多，否则"掉粉"也是很快的。

同样的知识竞赛类节目，同样的点评嘉宾，看董卿的主持就觉得有学不完的知识，是一种享受，是一种知识和艺术的大餐；看某电视台的女主持人主持的文化类竞赛节目却得不到这样的享受，只能听到"请听题、请听题"单调的、机械的几个词，以致看不下去就调台了。

21世纪是张扬个性的时代，主持人要接地气彰显个性，杜绝千篇一律，千人一面。要努力了解观众喜欢什么，主持人和观众、听众的契合点在哪里？主持人的个性化主持一定要和栏目的风格相一致，主持人的语言风格或幽默，或豪放，或沉稳，或细腻，或是娓娓道来，或是激情奔放，这是需要锤炼的，只有内外兼修，常年累月地不断提升自己才能做到。

另外还要注意，个性化不等于个人化，有的主持人会在节目中找各种机会介绍自己的爱人、孩子，千方百计地让他们在节目中露脸，甚至把自家的宠物狗也带到演播室，带到舞台上来，以为这就是接地气了、这就是平民化了。其实观众对你的孩子长得好看不好看，他们爱吃什么、爱玩什么，今后能不能接你的班也当主持人不感兴趣，反而会有"近水楼台先得月"的感觉。我们要正确理解新时代对播音员、主持人的要求，而不要浅薄地哗众取宠迎合低级趣味。努力增强文化内涵，不断提升自己，这是播音员、主持人在新时代不被淘汰的核心竞争力。

第二节　关于播音腔

什么是播音腔？目前还没有哪位专家给出明确的定义，关于"腔调"一词《现代汉语词典》给出的释义（解释）是"指说话的声音语气等"，那么"播音腔"应该是播音时的一种固定的声音语气了。

我的一位来自广东的学生发来微信说："老师，现在播音腔是贬义词，可以理解为不接地气。"

另一位来自四川的学生在听了中央电视台一位著名主持人的讲课以后发来微信说："老师，央视著名主持人×××说播音腔是基本的表达形式，只有在掌握了播音腔的基础上才能创造更多的表达形式，是几代播音人总结的成果。播音腔在单位时间内表达的内容更多、更清晰。之所以被诟病，是因为我们播音员只会一种表达形式，以不变应万变。"

因为是学生转述的只言片语，很难把那位主持人讲的意思叙述完整。这里引用的也只是大概意思并非原话。进入新时代播音腔这个问题越发引人关注了。到底什么是播音腔呢？我们先来看两个小例子：一个是在一次新闻发布会上一位记者提问时，手里拿着纸条（可能是提前写好的问题）一板一眼地说（实际是在念），引起了旁边记者的不满。事后这位提问的记者在自己的微博里说："我是国家一级播音员，在这样的场合提问，当然要表现出一位播音员的水平。"（大意）；另一个例子是，有一次我（向东）采访了一位知名人士，稿子写好后我在电话里念给他听，请他审阅、核实，为了让他听得清楚，我的速度比较慢，咬字咬得很死，枣核形很到位，念完后他脱口而出："嚯，一听就是老播音员！"

为了探讨"播音腔"，有一段时间我刻意关注了央视的《新闻联播》、央广的《新闻和报纸摘要》、北京电视台的《北京您早》，发现大部分播音员在面对镜头播导语（串联词）的时候都很亲切自然，很有对着观众说话的感觉。然而遇到比较长的消息，特别是给时政新闻配音的时候就没有对象感了，也不像说话，就是一种"念"，用一种固定腔调的念！一句话里重音很多，句式很死板，语气上也没有变化，受众不能很快地接受消息、理解内容，这就是"播音腔"！

播音腔的特点是：第一，没有对象感，没有说（话）的意思，用固定的腔调念，过分地追求"字正腔圆"；第二，重音太多，认为哪一个词都很重要，生怕人家听不清，其实越是这样越听不清楚意思；第三，播音者从观念上就追求高高在上的感觉："我是党的宣传员，代表党和人民的声音"。

一个有趣的现象，2020年1月9日北京电视台《北京您早》的女主播与中国人民大学重阳金融研究所研究员周戎一起评论"美伊局势升级"，主播以提问为主，与嘉宾进行交流，嘉宾则以评述为主。有趣的是女主播与嘉宾交流的时候非常自然，交流感很强，语句顺畅自然。交流一段时间之后女主播扭头面对镜头，看着提示器为插播的一段画面配音，播了一段新闻，此时女主播语调变化了，重音非常多，强调得很生硬，丝毫没有"说"的感觉了，而是"播"。且明显是"播音腔"！插播一段新闻之后，女主播扭过头去又和嘉宾亲切交谈，恢复了自然谈话的语言样态。之后与嘉宾一个问题谈完需要插画面的时候，头扭过来面对镜头，眼看提示器的时候又是"播"的状态！扭回头去和嘉宾交流没有稿子是想着"说"，说主播自己头脑里生成的话！扭回头来对着提示器是有稿播音，是"念"是"播音腔"！

这个有趣的现象难道不值得我们深思吗？

问题来了，播音员还要不要字正腔圆，还要不要讲究吐字归音？这里可以肯定地说：要！这是播音员的基本功！

口语表达的基本要求就是语音正确清晰，优美动听，语句流畅，准确易懂，语调自然贴切，富于变化。只有打好了基础，基本功扎实了，播音主持时才能做到"行云流水，不露痕迹"。

央视著名播音员康辉在《新闻联播》里播的"国际锐评"引起了网友的热捧，人们纷纷点赞，称赞播得好，代表了受众的心声，这篇经典之作全文如下：

本台刊播《国际锐评：中国已做好全面应对的准备》。锐评指出"对于美方发起的贸易战，中国早就表明态度：不愿打，但也不怕打，必要时不得不打。面对美国的软硬两手，中国也早已给出答案：谈，大门敞开；打，奉陪到底。经历了五千多年风风雨雨的中华民族，什么样的阵势没见过？！在实现民族复兴的伟大进程中，必然会有艰难险阻甚至惊涛骇浪。美国发起的对华贸易战，不过是中国发展进程中的一道坎儿，没什么大不了，中国必将坚定信心、迎难而上，化危为机，斗出一片新天地。"

无论外部风云如何变幻，对中国来说，最重要的就是做好自己的事情，不断深化改革，扩大开放，实现经济高质量发展。美国下一步是要谈，还是要打，抑或是采取别的动作，中国都已备足了政策工具箱，做好了全面

来源于央视网，
扫码可观看国际锐评视频

应对的准备。这正如习近平主席所指出的，中国经济是一片大海，而不是一个小池塘；狂风骤雨可以掀翻小池塘，但不能掀翻大海；经历了无数次狂风骤雨，大海依旧在那儿！

之后《人民日报》发出九个字正面硬怼。"谈，可以！打，奉陪！欺，妄想！"

看到新闻联播如此硬气的态度，网友纷纷评论，这才是大国风范，有气魄，够硬气！

康辉声音洪亮、气息饱满、字正腔圆，充分体现出播音前辈总结的播音语言的"三性三感"：规范性、庄重性、鼓动性；时代感、分寸感、亲切感。

值得点赞的还有：整篇文章还是一种叙述的语言样态，丝毫没有高高在上，大喇叭教育人的口吻。把话说到受众心坎儿里了，才引起了那么大的共鸣。这绝不是播音腔！

播音语言属于口语表达，但又不是生活口语，是经过严格的口语训练培养出来的。著名播音员潘洁、方明就曾经代表当时中央人民广播电台的播音员跟著名指挥家聂中明学习发声技巧。刚刚入台的我们这一批年轻播音员就曾跟曲艺表演艺术家马增慧学习单弦，以此训练吐字发音，努力达到字正腔圆、珠落玉盘的效果。一个优秀的播音员要通过多种形式的训练才能做到发音正确，吐字清楚，声音洪亮，悦耳动听，富于变化，高低强弱运用自如。

良好的口语表达不等于"播音腔"，只有具备了扎实的语言基本功，才能在表达时运用自如，行云流水不露痕迹。

第三节　张扬个性，说好新闻

　　20 世纪 80 年代中期，鲁豫乘着"凤凰早班车"开启了说新闻的航程，一时间许多电视台、广播电台，你也说新闻，我也说新闻，不同"车型"不同"牌号"的车争先恐后地奔跑在高速路上。

　　最初阶段大多数说新闻节目以说民生新闻为主，逐渐发展到说文化体育、说经济、说政治、说天下。做得比较好的有如下几家：河北电视台的第一民生新闻王牌栏目《今日资讯》，开播也快 20 年了；黑龙江广播电视台都市频道的新闻资讯类节目《新闻夜航》已经创办 20 多年；浙江电视台民生新闻类节目《1818 黄金眼》等节目开办以来也受到受众的好评；辽宁电视台《说天下》是辽宁广播电视台一档区别于其他资讯播报的新闻节目，主持人用亦庄亦谐的语言风格为观众说他们身边的事，说他们最想知道的新闻资讯；安徽台的《每日新闻报》则是一档全媒体时代的电视新闻杂志……无论是广播还是电视，说新闻的节目形式举不胜举。

　　关于语言表达，捷克的一位女研究者卡尔瓦绍娃专门研究了对同一课题分别采取的宣读讲稿（读）和脱稿发言（讲）两种口头传播方式的特点和效果。结果发现，讲的方式比读的方式词语的数量增加了约 50%，减少了名词，增加了动词，虽然冗长些，信息量相对少了些，但是增加了局部的信息，具有描述性、戏剧化成分，节奏从容、自由，而且辅之以情感（姿态、表情），因此更适合于听众的感知和接收。从记忆效果看，测验结果是：通过讲的方式，人们大约记住材料的 33%，而读的方式，人们大约只记住材料的 10%。从以上实验结果可以看出，如果信息传播者是以"说"的方式来传递信息的话，要比以"播"的方式能令受众记住更多的有效信息。受众在同等时间、接受同等内容的信息时，选择节目的倾向就完全取决于信息传播的方式。很明显，"说新闻"利于受众记忆更多的内容，也更易于被接受并获得认同。也许这也是各台纷纷上马"说新闻"的原因之一吧。

从 80 年代中期开始"说"，一直"说"到今天，这一无可争辩的事实告诉我们说新闻这种形式，适应了全媒体时代受众在快节奏、高压力生活情况下快速浏览信息，并且能够自我发表评论的需要。受众融入节目中，心情愉悦地接受新闻信息并且互动交流（通过微信平台）改变了过去你说我听被动接受教育的情况。

主持人说新闻节目的出现对主持人的业务能力提出了更高的要求。

首先，主持人必须具有极强的新闻敏感力、正确的新闻价值观（这一点将在本章综合练习中进行具体练习，通过练习来体会）。主持人必须具有极强的语言表达能力，一档主持人说新闻的栏目通常是一个团队共同完成的，主持人要参与编前会、参与选题，编辑本期节目的内容。为了新闻的准确性，在节目播出时，一部分内容是有稿的，说这部分内容的时候要有稿播音像无稿说话；还有一部分内容就是主持人自主生成的语言了。一次节目里主持人把别人写的新闻转化成自己的语言，和自主生成的语言很好地结合融为一个整体，也是一件不容易的事情！这就要看主持人的语言表达技能了。如果是两个人说的节目，还要看灵感、应变能力和两个人的默契程度。

说新闻在语言风格上，一定不要有书面语（或者很少有书面语），而应该是要力求短小、简洁、生动形象。

我们来看两条短新闻。

1. 酒驾被罚

话说"跑得了初一，跑不了十五"，"跑得了两公里，跑不了马拉松"！

台州摩托车驾驶员张某被查出酒驾以后，把车一推，扭头就跑。张某跑，交警追，跑出两公里之后啊，张某发现交警还在后面不紧不慢地跟着他，特别有节奏，张某绝望了。其实张某一点也不冤，交警刘勇是十多年的长跑爱好者，马拉松最好成绩是 42 公里跑了 3 小时 33 分钟。

开着车，你能不喝酒就不喝，非得喝就请个代驾。都是成年人，得给自己留点脸面！

2. 旅游遇奇事

出去玩找客栈，住哪儿不住哪儿主要要看网上的评价。但是谁知道这个评价是不是花钱刷出来的！

重庆的李先生带着家人到云南丽江旅游，在网上看到风花雪月连锁客栈（初见店）评价很好，房间漂亮，价格还低，跟着就订了。到那儿一看满不是那么回事，这就是一个农家院。而且半夜闹蚊子，这一家人谁也没睡好觉。第二天找工作人员要蚊香吧，人家说了，这蚊子是我们家养的宠物，熏死一只赔一百！您听这是人话吗？

云南丽江这两年旅游业出的事可不少，每年都是媒体曝光一起，当地解决一起，这一起两起三起累计起来可就坏了。当地的监管部门可不可以再主动一点？

找找看这两条短新闻里有长句子吗？没有。有复句吗？没有。有倒叙句吗？没有。都是短句子，非常上口。特别值得注意的是，每条新闻的最后都有主持人评论的话："开着车你能不喝酒就不喝酒，非要喝就请个代驾，都是成年人，得给自己留点脸面！"多么温馨又辛辣的语言。

"人家说了，这蚊子是我们家养的宠物，熏死一只赔一百！您听这是人话吗？"多么接地气的语言。

这样的语言风格淡化了媒体本身，而突出了个性，在自媒体蜂拥而至的时候，这样的语言风格一定会更胜一筹，在未来的竞争中立于不败之地。

当然，我们也必须清醒地看到，说新闻也面临着一些问题，有些还是急待解决的问题。

"说新闻"一定要突出新闻，把握好新闻的价值，坚持新闻的真实性原则。你说得天花乱坠，没有有价值的新闻内容，满足不了受众了解新闻，关注国内外大事的需求，无异于哗众取宠，无异于"逗你玩"。

关于如何选择新闻，把握住新闻的价值，我们将在本章的综合练习部分，进行阐述并练习。

说新闻要彰显个性，在人人都是新闻人的时代，你说的新闻像一碗白开水，没有味道，没有棱角，没有新意，尽是些官话套话，作为传统媒体的公信力将会因你消失殆尽。

那么，什么是主持人的个性风格呢？主持人彰显个性要注意什么？个性一词，来源于拉丁语，原指演员戴的面具，以后引申为独立思考，有自己行为特征的人。个性不是生来就有的，它是在一定的社会条件和教育影响下形成的一个比较稳固的特征。电视节目主持人的个性风格是指在主持节目的实践活动中反映出的总的精神面貌和相对固定的性格特征。只有具备鲜明的富有魅力的个性，主持人才能唤起观众的共鸣和审美意识。

新时代的主持人一定要有个性，但是张扬个性不等于没有缰绳的野马，可以任意驰骋。因为你所在的媒体姓党，你是在党的培养教育下的一匹骏马，能不能飞奔首先要看政治素质，看三观是否正确。这是一个长期的不断学习的过程，政治学习、思想品德的修养，一刻也不能停！

主持人的个性风格一定要和栏目的宗旨相吻合。辽宁卫视主持"说天下"的主持人，不是一两个，不管轮到谁值班，主持这档栏目都要体现出栏目轻松愉悦、幽默风趣的总体风格。说百姓身边的大情小事，像聊家常。如果每天坚持看这个栏目就会发现，在整体风格一致的情况下每个主持人在语言表达上又会有所不同，有的快言快语、直来直去，匆匆忙忙地把自己要说的内容说完，至于受众能不能听明白，她是不太在意的，与对手交流也是这样直来直去，"错了！错了！是这样而不是那样"。

多个主持人轮流主持同一档节目，在总体风格一致的情况下，因为主持人个人的学历、资历修养不同，在语言风格上也会有差异。

主持人的个性风格，是个人魅力的体现，是学识、资历、修养的集中体现，肚子里有没有墨水，修养有多高，装是装不出来的。腹有诗书气自华，主持人要想得到受众的认可，一定要修炼内功，在知识的海洋里遨游而不是靠外在的花活去圈粉。某家电视台的一位小帅哥，在主持节目的时候常常会挑挑眉，挤挤眼，语言上也不是遵循新闻语言表达的规律，讲究重音、停连、处理好句子，而是想当然，想在哪儿强调就在哪儿用力砸一下，在他帅气的外表下流露出一股玩世不恭的傲气！

莫把缺点当个性，帅哥在"说"或者"播"新闻的时候之所以重音不准，停连不当，原因可能出在备稿环节，来不及备稿或者备稿不认真，自己播的是什么内容心里没底，处在一种"蹭着播"的状态，看着提示器往下"蹭着说"。既不能像公交车报站名那样蹦字，又要说得有感情，于是就出现了重音和断句都不准确的现象，所谓的感情，也不是由衷的。我们大胆地找找原因：一个可能是稿件太多来不及提前看好，只能往下"蹭"；还有一种可能就是工作态度问题了，不认真备稿！因为看他的其他节目，在充分准备的情况下，这种毛病就少得多了，重音也准了，语气也顺了。真正的原因只有自己知道！

第四节 说真话 正文风

"说真话，树立良好的文风"是我们党对新闻工作者的一贯要求，早在 1942 年毛泽东主席在延安干部会上的讲话中就明确提出了反对党八股，他生动地揭示了党八股的八大罪状，毛主席指出党八股的第一条罪状是"空话连篇，言之无物"，"我们有些同志喜欢写长文章，但是没有什么内容，真是懒婆娘的裹脚布——又长又臭。"毛主席在这篇讲话里号召做宣传工作的同志要向人民群众学习语言，他说："群众的语言是很丰富的、生动活泼的、表现实际生活的，我们很多人没有学好语言，所以我们在写文章做演说时没有几句生动活泼、切实有力的话，只有死板板的几条筋，像瘪三一样瘦得很难看，不像一个健康的人。"

毛主席说："要做好对于这些东西（指党八股）的肃清工作和打扫工作是不容易的……我们要向他们大喊一声说：你有病呀！使患者为之一惊，出一身汗，然后好好地叫他们治疗。"

进入新时代，习近平总书记多次谈到宣传工作，谈到文风问题："提倡什么，反对什么是改进文风的首要问题。"习近平总书记谈到文风的问题提出了三个字，就是"短、实、新"。他说："一是短。就是要力求简短精炼"；"二是实。就是要讲符合实际的话……讲明白通俗的话，不讲故作高深的话"；"三是新。就是力求思想深刻富有新意，正所谓领导标新二月花"①。

　　改进文风永远在路上，特别是新时代主流媒体的新闻人不只是在路上走，而是要加速跑，因为你再不改进文风就会脱离受众。进入新时代，受众要看的、听的信息是有个性的、有感情的、真实的信息，你摆出一副官架子，尽说些官话、套话、假话、教育人的话，受众就被你推跑了，因为他可以选择的媒介太多太多了。习近平总书记2019年1月25日在中共中央政治局就全媒体时代和媒体融合发展举行第十二次集体学习时说："伴随着信息社会不断发展，新兴媒体影响越来越大。我国网民达到8.02亿，其中手机网民占98.3%。新闻客户端和各类社交媒体成为很多干部群众特别是年轻人的第一信息源，而且每个人都可能成为信息源。"

　　除了空话、套话，我们更要杜绝的是假话、假新闻！什么"外交部推出常旅护照，欧、韩、澳、新等14个国家免签""裸女跳河，救人者遭冷遇"。网络上的谣言就更多了，"4月起电动车也要考驾照""飞机撒药，不能晒被子""微信未来会收费25元，但转发可以免费使用""开封相国寺招聘和尚"，等等。

　　作为主流媒体，无论是中央的还是地方的，出现假新闻的影响是极其恶劣的。真实是新闻的生命，也是媒体公信力的来源。假新闻破坏了媒体公信力，损坏了真新闻、好新闻的价值。制造假新闻的人无异于制造假酒、假食品的奸商，奸商毒害的是人们的肉体，假新闻的制造者毒害的是人们的精神，必须引起高度重视。

　　除了说假话，制造假新闻，在网络上我们还常常见到一股恶劣文风，即说大话、浮夸、自我吹嘘。什么"美国吓尿了，中国空天轰炸机一小时可毁灭地球""要出大事了，中国又一法宝让美恐惧，世

---

　　① 习近平《努力克服不良文风积极倡导优良文风（2）——在中央党校2010年春季学期第二批入学学员开学典礼上的讲话》。

界都看傻了，日本彻底怕了""美国害怕了，日本吓傻了，欧洲后悔了"这种浮夸、吹嘘、故弄玄虚的"吓尿体""标题党"的文章搅得空气污浊、社会浮躁，令人厌恶。

是时候了，应该向他们大吼一声："你有病啊！"

改进文风，永远在路上，这是播音主持专业的莘莘学子们的专业必修课，也是思政必修课！

第五节 言为心声 勇于承担：
三言两语的点评

新闻和评论是一对孪生兄弟，评论跟着新闻走。常常是有重大事件发生时主流媒体会就此表明自己的态度，揭示这件事情的重要性，指明方向。这里说的"自己的态度"当然是代表党和政府的观点和态度，为党代言。

例如，《人民日报》评论员文章《以榜样之光照亮复兴征程》、新华社长篇述评《大就要有大的样子——献给中国共产党成立97周年》等稿件都是有鲜明的指导性的。央广、央视除了有"本台评论"之外，对一些重要媒体的重要评论都会在重点新闻节目里进行介绍，例如，"明天出版的《人民日报》将发表评论员文章，题目是《坚持新时代党的组织路线——论贯彻落实全国组织工作会议精神》""明天出版的《人民日报》将发表评论员文章，题目是《为科技事业发展提供坚强政治保证——六论学习贯彻习近平总书记两院院士大会重要讲话》"……均突出评论的重要性，彰显多媒体融合，互为补充的优势。

新媒体时代浪花飞溅，自媒体异军突起，人人都是信息传播者，个个都是评论员，网络中、微信中、手机中一条消息后面总会跟着若干条评论，人们肆无忌惮地谈着自己的看法，甚至爆粗口。一个人说什么话，怎样说话这由他的素质、文化水平、政策水平决定，但是作为主流媒体的主持人就不能肆无忌惮、信口开河了。当然，主流媒体的记者要勇于直言是非，客观公正，监督权力，保卫真理。但是一定要经过大量采访，听取不同意见，去伪存真，实事求是，这样才能站在船头瞭望大海，把握方向。主持人的评论既要彰显个性，说真话、说实话，说有感情的话，又要把握好"度"。

习近平总书记在党的新闻舆论工作座谈会上的讲话中指出："党和政府主办的媒体是党和政府的宣传阵地，必须姓党，必须坚持党性原则这一根本原则。党的媒体'因党而立，为党而办'，时刻不能忘记自己的职责使命。要践行'四个牢牢坚持'：牢牢坚持党性原则，牢牢坚持马克思主义新闻观，牢牢坚持正确舆论导向，牢牢坚持正面宣传为主，在大是大非面前站稳立场，在舆论引导方面有的放矢，当好中国特色社会主义的举旗者和护旗者。"习近平总书记为我们新闻工作者指出了方向，这是我们新闻宣传发表言论的根本原则。

有了坚定的政治方向，还要有纯熟的业务技能。做好评论一定要有一双敏锐的眼睛、缜密的思维、超强的分析和判断力。有这样一条消息，标题是《省内领导称呼今起禁用"尊敬的"》。消息说："近日，为给基层减负，××省委办公厅发布十条措施，在文风会风方面要求省内会议、活动对领导同志称呼时不加'尊敬的'，讲话不称'重要讲话'，一般工作会议发言时不鞠躬致意。"

我们再来看一条来自网络的消息：

怒！马拉松中国女将被递国旗干扰，痛失冠军

　　苏州马拉松开跑。中国选手何引丽与非洲选手争夺冠军时，志愿者却上前递国旗，打乱何引丽节奏，导致她被拉开距离，遗憾获得亚军。

　　在全场比赛还剩最后 500 米时，何引丽与肯尼亚选手在跑道上并驾齐驱。就在此刻，场边的志愿者想为何引丽递上国旗，但何引丽的注意力都在最后的冲刺上，根本没有顾得上去拿。

前方跑道上再次出现一名志愿者手拿国旗。这一次她直接在赛道中将国旗塞给了何引丽，视频显示在何引丽接国旗后，国旗从手中滑落。此时，何引丽的节奏被打乱，埃塞俄比亚选手顺势再度冲刺，并甩开了何引丽。

央视解说员也评论道："这个时候，运动员正在咬牙坚持，一切场外因素的干扰，对于运动员都是有影响的。"

最后，何引丽遗憾获得亚军，仅仅输给了对手5秒。

消息一出，网友们议论纷纷，各种言论俯拾皆是，可是作为主流媒体的主持人发表评论（哪怕是三言两语的评论）你就要慎重了，一场正规的国际马拉松比赛，选手还没有达到终点，怎么能够允许志愿者冲进来给选手披国旗呢？显然这是干扰比赛！什么旗子掉了该不该捡呀、爱不爱国呀都不是主流媒体主持人应该评述的！因为新闻本身就不严谨，有许多漏洞让人置疑。

包头国际马拉松比赛结束后，一名志愿者在网上发了一段视频并配发了文字："包头首届马拉松赛最后一名要坚持走着回去，全市人民都在等着他解封道路"引发了网友热议，其中不乏讽刺嘲笑之意！这依然不是我们主流媒体主持人评论的话题，这些边边角角的议论，只言片语的说明常常是片面的，只知其一，你了解竞赛规程吗？你知道每一段路的关门时间吗？这位选手坚持走向终点是在规定的关门时间之前还是超过了本段路规定的关门时间？这条消息也存在着信息不全、不严谨的问题。

2018年4月26日搜狐网发布了一条消息，北京电视台《北京您早》也报道了这件事，消息说：

　　为了强化德治结合的乡村治理体系，深入开展群众性精神文明创建活动，激发群众参与志愿服务热情，全面提升文明素养，弘扬社会正能量，北京城市副中心的潞城镇开设了一家精神文明银行，村民只要在日常生活中做好事，实施文明行为，就可以获得文明积分，积累到一定分数后就可以换取相应的服务回馈，比如青年人免费参加技能培训，老年人可以享受一些助老服务，等等。有关部门为了提升群众的文明素养，积极开展各种工作。这是一件好事，可是我们往深里想一想，如果雷锋在，他会把做好事存到"银行"去换取回报吗？社会上许多救了人不留姓名扭头就走的人会把他做的好事存入"银行"积攒积分换取回报吗？小朋友在马路边捡到一分钱交给警察叔叔，他会不会说："叔叔给我一个收条，我要把它存入银行？"

　　某机关门口，收废品的开来了小面包车，摆上了泵秤（注意不是杆秤）正在收从机关里送出来的书！全是新书，有的用袋子装的，有的则是一包一包的，从印刷厂运来还没开包呢！上前一看，这些书全是精装本领导的文章、专著，显然是准备开会时发给到会者的。

　　旁观者："反正也不花你的钱，这是单位的政绩，我们买了发了，说明我们要努力学习，坚决拥护，认真贯彻……"至于真学假学，学与不学谁能知道呢？反正形式上有了。

　　心疼啊，纳税人的钱！心碎啊，浮躁的社会！那些两面人一方面"高举"，一方面贪腐，坑害百姓，坑害国家，浪费这点小钱算得了什么？真是小巫见大巫！当然，也许是有关部门走形式做样子，反正花国家的钱！不精打细算浪费与我何干！

新时代的主持人、记者是人民群众的代言人，代表人民群众的利益，代表党的利益，要勇于发声，敢于承担！面对这一现象，你不想说些什么吗？

思维决定高度，视野决定广度，三言两语的评论是一种观察问题的境界和方法。作为一名合格的新时代主持人，一定要学习学习再学习，一定要站得高看得远，一定要善于思考，走出办公室、电脑房，到生活中去，到群众中去。习近平总书记说，新闻工作者要为党代言，党的利益和群众的利益是一致的，为党代言就是为群众代言！代言就是要敢说，敢于讲真话，敢于讲有个性的话，敢于担当。要有非说不可的冲动！不然的话谁还听主流媒体的？主持人的评论是一种情怀，情怀决定我们关注什么，怎么关注，老百姓的医保问题、菜价问题、子女教育问题、老人养老问题等都需要我们投入极大的热情，要把话说到受众的心坎上。

说到主持人评论不能不说说语言表达问题。

主持人三言两语的点评一定是说而不是念，一定是说自己心里想说的话，言为心声，说的时候一定要把受众装在心里，对着受众说，也就是我们常说的要有对象感，无论是广播还是电视评论都必须有对象感，要根据不同的受众群体和内容控制好语速，可快可慢，说的时候要展现出个人的风格，"不念经"，不佶屈聱牙，不用生僻字词。能够幽默当然好，但不是为了幽默而幽默，（某电视台一位女主持人的幽默像是挠观众的胳肢窝，让人看了很不舒服）幽默是一种品位，装是装不出来，装出来也不好看、不好听！

主持人的点评要和说的新闻融为一体，不要说新闻像说话，评论像念稿，两者脱节。要摆正自己的位置，你和受众是平等的，观点要鲜明，但不要说教，要有非说不可的愿望！当你有了明确的目的，专注于说服某一个人，讲清某一个道理的时候，你的表达就有了穿透力，就能给受众留下回味，引起深思！千万不要耍小聪明，哗众取宠。

综合练习

本章综合练习分为三个部分：一是主持人说新闻练习；二是主持人三言两语的点评练习；三是化繁为简的练习。

第一部分：主持人说新闻练习

主持人说新闻是主持人在内容真实、数据准确的前提下把内容信息个人风格化、口语化地说出来，努力把新闻原则的刚性和语气表达的弹性融为一体，彰显主持人的个性，是新时代主流媒体较多采用的形式。

一、将下面五条新闻编辑成一次说新闻节目，要做到排好顺序，有机串联，不失幽默

● 高温下，环卫工人走方阵

这几天，全国许多地方开启了"烧烤模式"。然而在山西忻州，大约有 60 位男女环卫工人身穿橘红色工作服，踏着音乐节拍，在公路上高喊着"一二一"走方阵。据查，这几天当地的温度都在 30 度以上。有关部门领导说，让环卫工人走方步始于 2017 年，目的是增强凝聚力。对于一个集体来说，凝聚力当然重要，但是大热天让辛辛苦苦的环卫工人走方阵，合适吗？不打折扣的工资奖金，科学合理的劳动时长，发自内心的关怀问候，让他们真正感到一份尊重，

这才是他们最需要的，这才是凝聚力的所在！

● 为顾客着想，外卖小哥苦等一小时

前几天在浙江杭州，一位外卖小哥在送外卖的时候，因为外卖单上注明"直接打电话，不要按门铃"，外卖小哥到了后打了 47 个电话，联系不上顾客，也没有按门铃，苦苦等了一个小时。原来，订外卖的这位顾客的儿子正准备考研，他害怕影响孩子学习，就在订单上注明"直接打电话，不要按门铃"这句话。因为临时有事外出，就把这件事儿忘了，手机又静音，后来发现手机上有 47 个未接电话才想起来，心里十分愧疚。想给外卖小哥补偿，外卖小哥坚决不要，说："这是我的责任。"

● 在飞机上用嘴吸尿的好医生再次刷屏

新华社：11 月 28 日下午，暨南大学附属第一医院举行表彰大会，授予在飞机上吸尿救人的张红医生"暨南杏林楷模"称号。张红医生在表彰会上既谦虚又风趣地表示："没什么先进事迹好报告的，这件事过后有两个后遗症：一是太太不亲我了，二是越好的啤酒越不敢喝了。"

● 马路上捡碎玻璃

9 月 19 日早上，市北区山东路敦化路路口发生温馨一幕：当时正值早高峰，行人匆匆过马路。人群中一位老人快步行走，一个啤酒瓶突然从她的购物车中掉落，碎了一地。老人一开始并未发觉，沿着斑马线过了马路。此时破碎的啤酒瓶还在马路中间，正在等红绿灯的车辆随时准备启动，一旦车轮轧上碎玻璃，后果不堪设想。

就在此时，一个背着双肩包的小伙自东向西过马路，来来往往的

行人很多，小伙快步走上前去，弯腰徒手捡起破碎的玻璃碴。正在小伙捡拾碎玻璃时，两位自西向东过马路的女孩，也一前一后加入进来，弯腰帮助小伙把剩下的碎玻璃捡起。三名路人之间虽然没有对话，但非常默契，短短十几秒钟就把碎玻璃清理完毕，之后三人快步离开。由于清理及时，破碎的玻璃瓶没有对交通造成影响，这一温暖瞬间，被一名在斑马线前等信号灯的车主用行车记录仪记录下来。

● 看马路上"抢婚"现场

近日，一段监控视频拍下的"抢婚"大战视频走红网络。视频中，两辆车左右夹击将婚车逼停，随后一伙人将婚车围住。原来，朋友们为了让新郎新娘感受不一样的接亲环节，策划了一出"抢婚"大战，可是在高兴的同时，没有想到自己触犯了交通法规。最终，两辆车的驾驶员均被记分和罚款。

二、将下面比较长的，不适宜说的新闻稿分别改编成一二百字的短文，然后再上口说

● 三年偷电 5126 元，男子"贪小"进牢房

近日，居民葛某趁小区房屋改造之时，花钱让人偷偷改装电表，三年多的时间里共偷电 5000 多元。

2018 年 6 月，上海市电力稽查大队在日常检查中发现：虹口区四平路有一户居民存在盗电嫌疑，于是向警方报案，民警接报后与电力部门一起到场展开调查，发现这户居民确实存在长期窃电行为。

经查，市民葛某某从 2015 年 9 月至 2018 年 6 月，仅仅支付了 275.5 元的电费，明显不符合用电实际情况，从电费缴纳的情况来看：

大部分月份的电费仅仅 3 块、5 块、十几元钱，低得离谱！

警方调查发现，原来在 2015 年夏天，四平路这一老小区进行房屋改造，葛某趁此机会请施工人员改装了自己家的电表，采用焊锡连接的方式让电表测量失准，这使得电表显示的刻度远远低于实际用电量。

葛某对自己的行为供认不讳。他坦言是一时念起私自改装电表盗电，他也知道这种偷电行为是违法的。然而他心存侥幸，最终没有逃过法律的制裁。法院判决其犯盗窃罪拘役 3 个月。葛某贪小便宜的行为，将自己送入了看守所。

训练提示：

> 先把上文删节改编成 150 字左右的说新闻稿，再进行说新闻练习。如果不改成文字稿，只记大意，自己重新组织语言就更好了。

下面改编过的稿子你看适合你说吗？

近日，上海市电力稽查大队发现虹口区四平路有一户居民葛某，从 2015 年 9 月到 2018 年 6 月仅仅支付了 275.5 元的电费，平均每个月缴纳的电费仅仅三五块钱，低得离谱，调查发现葛某是在小区改造的时候偷偷改装了自己家的电表，在他的电表上搭了一根铜丝，这样电表显示的数字就特别小。葛某心存侥幸，最终没有逃过法律的制裁，把自己送进了看守所！（仅供参考，你可以根据自己的风格改编，突出你的个性，或幽默或讽刺。）

● 高速上大巴司机突然昏迷 乘客上前稳住方向盘

11月16日，一条司机突然晕过去，大巴在高速公路上失控，乘客站出来救了一车人的消息在四川资阳传开。

原来，约半个月前，一辆重庆驶往四川资阳市安岳县的大巴车在渝蓉高速重庆大足段快速行驶时，司机李一强突然晕倒，导致车辆失控，撞上右侧护栏并继续向前冲去。所幸，坐在第一排的乘客侯义在惊醒后，第一时间冲过去，稳住方向盘，救了一车20人。很快，大巴停了下来，避免了一场可能带来重大灾难的交通事故。

训练提示：

能不能删去第一段，直接说事情的经过，这样是不是简洁明了些呢？

● 大巴司机开车玩手机

7月26日，陕西商洛本地人的朋友圈流传一条视频：一辆行驶在高速上的大巴车司机边玩手机边开车。网友称，这是由山阳发往西安的大巴车。目前，当地交警已展开调查。有网友称，司机这样做是在拿一车人的生命开玩笑。

在高速公路上驾驶车辆车速一般比较快，注意力稍不集中就有可能出现意想不到的危险，因此更应该注意交通安全。然而，陕西这名客运大巴车司机竟然边玩手机边开车，着实让人为一车乘客的安全捏了一把汗。大巴司机岂能拿乘客生命安全当儿戏，"作死"别连累了一车乘客。为了保障乘客的生命人身安全，这种严重违反驾驶安全操作规范的"玩命"行为，必须彻底予以杜绝。

训练提示：

> 改编这条新闻先要明确你是谁，你的节目定位是什么。如果你是"媒体视点"的主持人，不要轻易删除展示融媒体特点的话，如"朋友圈流传一条消息""网友称……"

● 动车男乘客被禁乘火车

14 日下午，当时该车上的乘客王欣然（化名）告诉记者，事发于三车厢，当时她与该男乘客隔着一排座位，睡觉时被吵醒了，发现乘务员在劝男子不要把脚放在小桌板上，对方却一直情绪激动，还骂人。

因为把脚放在小桌板上，周围有些人在劝他不要这样，他情绪激动，开始骂骂咧咧，也不是针对某一个乘客，声音很大，乘务员就过来，劝他别把脚放在小桌板，别骂人，影响车厢秩序。

据王欣然介绍，从不到 10 点钟开始，该男乘客一直情绪亢奋，断断续续骂人，他前座的两个女孩跟他理论也被骂了。一直到 11 点到南宁东站，乘务员就劝他下车。

目前，铁路公安部门已对事件进行调查、取证完结。南宁铁路公安处依据《中华人民共和国治安管理处罚法》第二十三条一款三项之规定，给予刘某行政拘留五日的处罚。

同时，铁路客运部门依据《关于在一定期限内适当限制特定严重失信人乘坐火车推动社会信用体系建设的意见》《关于限制铁路旅客运输领域严重失信人购买车票的管理办法》的规定，在铁路征信系统中记录该旅客信息，并在 180 天内限制其购票乘坐火车。

训练提示：

　　选择这条消息的目的是告诉受众铁路部门的两个规定，宣传《中华人民共和国治安管理处罚法》，所以这条消息前面三段是否可以更简洁一些呢？看看像下面这样改行不行：

　　14 日上午在开往南宁的列车上，一位乘客把脚放在小桌板上，引起乘客不满，乘务员劝他把脚放下来，他根本不听，从 10 点钟开始到 11 点一直骂骂咧咧不停。

　　南宁铁路公安处依据《中华人民共和国治安管理处罚法》第二十三条一款三项的规定给予这位乘客行政拘留五日的处罚。同时，铁路客运部门依据《关于在一定期限内适当限制特定严重失信人乘坐火车推动社会信用体系建设的意见》《关于限制铁路旅客运输领域严重失信人购买车票的管理办法》的规定，在铁路征信系统中记录该旅客信息，并在 180 天内限制其购票乘坐火车。

　　自己改过的稿子更不能死板地念了，要说！说你自己想说的话。注意这条消息长句子太多，特别要注意断句和重音的问题。

　　● 当消防车遇到早高峰，百辆私家车同时让行

　　9 月 20 日 7 点 47 分时，嘉善中队接到警情前往救援，中队迅速出动一车五人前往现场，进入 320 国道的时候，刚好是早高峰时间，车辆非常多。

　　但是路上的私家车听到警报之后都主动给消防车让行。

这暖暖的一幕让现场消防员非常感动，感动之余，消防车队员拍下了小视频，并传到了抖音上发了朋友圈。整个在320国道上，消防车行驶了将近有5分钟，将近1公里，有几辆车还专门驶出主干道到非机动车道上去，大大加快了消防出警的速度。

消防员纷纷表示以往偶尔在出警的道路上也会出现因为一些车主没能及时让道，延误出警速度的情况。而这次，对于这种司机们主动让出救援通道的行为感到非常的欣慰，这也充分体现出我们广大车主的良好的精神风貌和市民品格。

训练提示：

"主动给消防车让行"怎么做的？空！不够具体，语言也不顺畅，新闻是要用事实说话的，改编时要特别注意！

● 京港澳高速湖南衡东段发生重大交通事故

记者从京港澳高速湖南衡东段"6·29"交通事故救援指挥部获悉，6月29日晚8点41分左右，河南省驻马店汽车运输公司一辆大型客车，由南往北行驶至京港澳高速湖南衡东段1602千米处时，冲过中央隔离带与对向行驶的一辆半挂车相撞。根据最新核实，事故共造成18人死亡，14人受伤。

事故发生后，湖南省公安、交通、安监、消防等部门，连夜赶到现场组织指挥救援。衡阳市、衡东县相关负责人及部门，调动人员设备，紧急赶往现场全力救助伤员，并开展安全处置。受伤人员已全部送往当地四所医院接受救治。

在医院接受救治的57岁女性伤者冯某说，自己是从广东中山坐大巴回河南驻马店的老家，因为晕车，一直都在睡觉，事发时她摔到了其他的座位上。"什么时候撞击的我也不清楚，醒过来的时候就看到自己全身都是血。"

经过初步诊断，冯某主要为头面部的外伤，右肾包膜下有积液，全身多处软组织挫伤，但生命体征平稳。医院重症医学科主任陈医生表示，今天医院要再对她做一次复查，"看头部的CT，看出血增多没有。肾脏的问题也会复查，如果说有出血增多或者休克的情况，再做进一步处理。目前暂时还是稳定的。"

在另外一层楼的普通病房，来自河南的47岁男性伤者黄某，受伤较轻，主要伤情为右肩胛骨粉碎性骨折。他告诉记者，上车的时候大家都被要求系上安全带，车上没有坐满。当时黄某正在玩手机，"只感觉车身一晃、一震，撞击挺大的。"

黄某的主治医生表示，等水肿消退后，医院将对其进行肩胛骨固定手术。"我们对他头部、颈部、胸部和腹部也做了CT，暂时没看到明显的骨折和出血的症状。"

目前，事故现场已基本清理完毕，京港澳高速双向交通恢复。湖南省衡阳市有关部门正会同河南省有关方面积极组织事故善后工作，事故原因正在调查中。

训练提示：

写新闻或者选择新闻首先要考虑的是新闻价值，考虑受众想知道什么，而不是有闻必录。这条新闻的新闻价值在哪里？是酒驾引发的事故，是要通过这次事故提醒司机开车不喝酒，遵守交通规则吗？是要说有关部门对受伤人员的关爱，积极救治受伤人员？还是要讲讲事故中的故事，说明不同乘客不同感受？是出于好奇，讲讲事故发生时每个乘客的现场感受？

　　明确了这些问题，你就会很容易地把握应该怎样删节这条新闻了。当然，不同的媒体有不同的视角，选择的重点也会不同。

三、二人合说新闻练习（一）

新闻茶座

版头（栏目）（出音乐 10 秒混）

品茶休闲摆龙门，

国事家事天下事，事事关心。

大家好，欢迎您走进新闻茶座。

甲：我是×××

乙：我是×××

　　我们首先来关注今日头条。

　　★据中新网报道　国家主席习近平 12 日在比什凯克会见伊朗总统鲁哈尼。

　　习近平强调，中伊务实合作造福两国人民，也有利于地区及世界和平稳定。中方愿同伊方保持沟通和交往，加深理解，增进互信，加强合作，共同推动两国关系稳步向前发展。习近平积极评价伊朗新政府就解决伊朗核问题作出的积极表态，指出该问题是牵涉伊方切身利益和地区安全稳定的重大问题，希望下阶段有关各方着重推动务实对话，寻求互利共赢的解决方案，巩固和平解决的势头。习近平表示，中方主张尊重伊方正当合法权益，坚持对话谈判解决，愿继续为劝和促谈作出建设性努力。

鲁哈尼表示，伊中关系很重要。伊方希望同中方加强政治、经贸、投资、文化等领域合作，在地区事务中保持沟通，推动两国关系进一步发展。鲁哈尼重申了伊朗和平利用核能的立场，表示伊方在国际法和核不扩散条约框架内发展核计划，愿接受国际原子能机构监督，通过合作消除国际社会担忧。希望中方继续发挥建设性作用。双方还就叙利亚问题交换了意见。

★据英国《金融时报》9月12日报道，叙利亚内战已经成为世界能源大国的代理战争。在这场战争中，俄罗斯和伊朗支持叙利亚总统阿萨德，而沙特、卡塔尔和美国则支持反对派。

分析师预计，如果美国开始袭击阿萨德军队，原油价格将进一步上涨。这场危机展示了美国"能源武器"的潜力。美国产量的增加将有助于减轻叙利亚危机带来的价格上涨威胁。

英国《金融时报》报道还说，由于利比亚和尼日利亚的生产活动遭到严重破坏，当前全球原油市场形势紧张。沙特石油产量达到了24年以来的最高水平，因为该国试图弥补供需缺口。石油输出国组织应对更多供应中断事件的备用产能处于低位。

★继续来关注国内新闻，关注第十二届全运会。

今天下午，伴随着甜美和声吟唱的《梦想的翅膀》，燃烧了13天的全运圣火缓缓熄灭。中华人民共和国第十二届运动会正式闭幕。这项中国最高水平的综合性体育赛事共有38个代表团、9770名运动员参加，项目设置为 31 个大项、350 个小项，均比上届大幅减少。

本次全运会期间，共有 4 人 5 次创 5 项亚洲纪录，11 人 3 队 18 次创 14 项全国纪录。在田径、游泳、举重、自行车等项目上，有多项成绩可进入今年世界锦标赛的前 3 名。

老牌劲旅山东代表团以 65 金雄踞榜首，打破了自 1997 年八运会以来东道主必占金牌榜首位的"东道主定律"。东道主辽宁和广东代表团分列二、三位。

"八朝元老"、51 岁的高娥延续不老"神话"，再度拿到女子飞碟多项冠军；泳坛头号巨星孙杨依旧无人能撼，他一个人狂揽五金成为"多金王"；而北京选手张培萌强势摘下男子 100 米、200 米冠军，成为中国跑得最快的人。

本次全运会成为王励勤、马琳、王治郅、史冬鹏、滕海滨、肖钦、张琳、吴鹏等众多老将谢幕的舞台。在他们告别全运会的同时，樊振东、陈梦、陈欣怡、周施雄等一批"90 后"小将显示了咄咄逼人的势头，成为中国体育备战里约奥运会的新生力量。

四年之后，第十三届全运会将在海河之滨的天津市举行。

★下面来关注一条社会新闻，这条新闻带给我们的是十分惨痛的教训。

9 月 11 日，广东省英德市发生了一起女童高温下遭遗忘校车内 1 天闷死的惨剧。当天早上，朝晖夫妇看着女儿活蹦乱跳地走上幼儿园校车，下午却得知女儿竟被遗忘在校车上闷了一天，最终抢救无效死亡。目前，英德警方已立案调查，涉嫌重大责任事故的校车司机邓某、随车老师黎某已被刑拘。

据了解，钟朝晖 3 岁的女儿霖霖聪明伶俐，从出生时起一直由妻子专职照顾，今年 6 月霖霖入读英德市凤凰城国际艺术幼儿园。钟朝晖告诉记者，11日早上7点多，幼儿园的校车停在钟家楼下，霖霖穿一身红色的连衣裙，兴高采烈地向爷爷奶奶说"再见"，由妈妈牵下楼交到跟车的黎老师手里。

下午6点多，钟朝晖接到电视台领导的电话，说他女儿出事了，钟朝晖赶紧打电话到幼儿园，园方才支支吾吾地说："早上忘记接孩子下车了，在车内闷了一天，三十五六度的高温，把孩子闷出病来了！"钟朝晖想不到的是，孩子这一"病"就再没起来。

夫妻俩赶到幼儿园看到女儿时，女儿躺在幼儿园厨房的地板上，头发湿透、鼻孔流血，120救护车的医生正在抢救，钟朝晖夫妇撕心裂肺地喊着霖霖，最终医生宣布抢救无效死亡。

英德市政府向记者介绍情况称，根据初步调查，事发当天早上，跟车老师黎某随校车接小孩上幼儿园，小二班女生霖霖坐第二趟校车到幼儿园，但黎某没有发现她没下车，甚至当校车第三趟接小孩时，跟车人员仍然没有发现霖霖还在车上。班主任唐某上午上课时发现霖霖没来上课，却没有打电话向家长询问。直至下午3点40分，幼儿园校车司机邓某洗车时发现车内还有一名小孩，这时的霖霖因高温气闷倒在座位上，幼儿园急报120抢救，但为时已晚。

事件发生后，英德市委、市政府主要领导要求迅速查明事故原因，妥善处置，积极安抚好家属。警方初步调查认为，霖霖因长时间困在车内，天气炎热，车内温度过高，致其窒息死亡。被刑拘的校车司机邓某、随车老师黎某及相关责任人均追悔莫及。

小孩下车时没发现，上课时也没发现，午睡时还没发现，令人痛心，令人发指！如果幼儿园尽到最起码的责任，有很多次机会可以避免事故的发生。

一项研究表明，当气温达到35C°时阳光照射15分钟，封闭车厢里的温度就能升至65C°左右。由于儿童发育未完全，体温上升、体内水分散失的速度远比成年人快，呼吸系统和耐热能力也不如成年人，因此在车里很容易发生"热射病"。导致昏迷、缺氧等情况，严重时还可能造成死亡的严重后果。所以在这里一定要提醒一句，下车后往车里多看看，多一份留心，千万别把孩子一个人留在车里。

甲：我们继续来关注其他方面的消息。都到秋天了，这天气怎么还这么热啊，秋老虎怎么还没走？

乙：据气象局的相关人员介绍，这是副热带高压在作怪。本周起，副热带高压边缘将加强，受单一天气系统控制，本周咱们这儿以多云天气为主。本周中前期气温有所回升，本周后期因为副热带高压退去，受高空槽影响，周六前后有一次降水，气温随着雨水的到来将下滑。气象台相关人员表示，夏末秋初，气温本就起伏不定，再加上副热带高压的一进一出，本周冷暖变化较大，一天中气温昼夜温差接近 10C°。

甲：市民朋友要及时添减衣物，小心感冒啊。

　　结束语（自由发挥）。

🔊 **训练提示：**

　　一次说新闻节目里有时政新闻、国际新闻、体育新闻还有社会新闻和生活服务类新闻，两人合作主持要注意整个节目的层次，一类新闻与另一类新闻中间最好用语言区分开，在语气上要有变化，把这一组新闻节目说出层次来。

　　说新闻里的时政新闻怎么说？能不能采用说念结合的办

法？"说新闻"节目中的时政新闻依然是"说"而不是"念"，把握住一种解释的语言样态，正如我们在前面提到的要有说的意识，还要保持时政新闻的严肃性、工整性，不能太松懈，有人就把这样的语言样态称为"半说半播"。

"痛失爱女"一条两人合说，要共同备稿，不是只分出你我要说的段落，而是共同在新闻事件中寻找捕捉人性因素，撞击二人的心灵，形成接地气的两个人非说不可的话语，掏心窝子一样把要说的话掏给受众，形成与受众的共鸣！要和受众一起发起拷问："小孩下车时没发现，上课时也没发现，午睡时还没发现，令人痛心，令人发指！如果幼儿园可以尽到起码的责任，有很多次机会可以避免事故的发生。"

接下来要说的天气预报，说时的语气要和"痛失爱女"一条要有较大区别。

四、二人合说新闻练习（二）

中国创造了中国火箭搭设间隔最短的纪录

2019 年 11 月 13 日中新社在网上发布了一条消息说中国在 175 分钟内连续发射了两枚火箭，创造了中国火箭发射间隔最短的记录。

网上消息原文如下：

11 月 13 日，中国连续发射两枚火箭，发射时间间隔仅 175 分钟，创造了中国火箭发射间隔最短的纪录。

北京时间 11 月 13 日 11 时 40 分，中国在酒泉卫星发射中心用快舟一号甲遥十一运载火箭成功将"吉林一号"高分 02A 卫星送入预定轨道，任务获得圆满成功。

　　快舟一号甲固体运载火箭由中国航天科工集团有限公司航天三江集团所属航天科工火箭技术有限公司研制，火箭具备 200kg/700km 太阳同步圆轨道运载能力，具有高可靠性、高入轨精度、低成本等特点。这是快舟一号甲固体运载火箭年内第 2 次执行发射任务，首次实现一年内多次发射，也是其第 4 次完成商业发射。

　　好事成双，当天中国航天的精彩表现才刚刚开始。

　　175 分钟后，中国于 14 时 35 分在太原卫星发射中心用长征六号运载火箭实施一箭五星发射，将 5 颗宁夏一号卫星（又称钟子号卫星）准确送入预定轨道。

　　这是长征六号运载火箭首次进行低倾角发射，同时也是长征六号运载火箭的第 3 次飞行。针对任务需求，火箭做出了包括起飞滚转、横向导引、新型复合材料双层壁挂式发射筒等一系列技术升级。

　　专家指出，在同一天时间内，快舟一号甲固体运载火箭和长征六号运载火箭接力发射，间隔时间之短，对每个环节尤其是卫星测控造成较大压力，但中国航天工作者还是圆满完成了任务，实属不易。

　　步入 2019 年年底，中国航天将再次迎来高密度发射。预计到今年年底，中国还将实施多次航天发射任务，全年发射次数将超过 30 次。（完）

　　以下是根据网上消息改编的二人说新闻的练习稿：

甲：接下来咱们来关注一条好消息。

乙：据中新社的消息说，我国在 175 分钟的时间里连续发射了两枚火箭，创造了中国火箭发射间隔最短的纪录。

甲：是啊，两枚火箭发射的时间只间隔了 175 分钟，这是历史上从来没有过的。

乙：北京时间 11 月 13 日 11 点 40 分我国在酒泉卫星发射中心用"快船一号"甲遥十一运载火箭成功地将"吉林一号"高分 02A 卫星送入了预定轨道。

甲：好事成双，就在 175 分钟后，也就是 14 点 35 分我国又在太原卫星发射中心用"长征六号"运载火箭实施一箭五星发射，5 颗"宁夏一号"卫星被准确地送入预定轨道。

乙：宁夏一号卫星又叫种子号卫星。

甲：嗯，据专家说呀，在同一天时间里"快舟一号"甲固体运载火箭和"长征六号"运载火箭接力发射，间隔时间这么短对每一个环节尤其是对卫星测控造成了比较大的压力，但是中国航天工作者还是圆满完成了任务，实属不易。

乙：是呀！让我们向中国航天工作者致敬！

训练提示：

①思考：这样改编是否合适。你是否同意把第三自然段删除，为什么？第三自然段是"快舟一号甲固体运载火箭由中国航天科工集团有限公司航天三江集团所属航天科工火箭技术有限公司研制，火箭具备 200kg/700km 太阳同步圆轨道运载能力，具有高可靠性、高入轨精度、低成本等特点。这是快舟一号甲固体运载火箭年内第 2 次执行发射任务，首次实现一年内多次发射，也是其第 4 次完成商业发射。"

②两个人合说新闻不是表演给受众看，而是和受众融为一体，像 3 个人在交流（设定受众是一个人）。换言之就是

两个人说新闻的时候两人除互为对象之外还有共同的交流对象——受众。

③ 两个人合说一条新闻，可以巧妙地利用重复，强调新闻的重点，加深受众的印象。

第二部分：主持人三言两语的点评练习

评论是提升新闻价值的有效手段，三言两语的点评，就是要用最少的话，最精炼的语言，提升这条新闻的价值，话要说到受众心里去，要和受众产生共鸣。

三言两语的评论要有感而发，"感"来源于对现实生活的感悟，来源于主持人自身的素养。十几年前某电视台的主持人在播送有关部门检查出面粉里面有吊白块影响人民健康的消息后说"药有假药，酒有假酒，食品当中添加了苏丹红（有害添加剂），今后我们还吃什么？"一句话说出了百姓的心声，一句话使这条新闻的价值倍增。

评论是一种思维，话虽然不多，但观点鲜明，逻辑清楚。三言两语的评论正是你彰显个性的机会，要说有个性、有感情、接地气的话，不要耍小聪明哗众取宠，要实实在在地做人。说新闻的时候必须要找到和受众的交流感、亲切感，新闻后面的点评是这种交流感的延续。这一组的练习重点是评论，是三言两语的点评，而不是大块头的评论文章，这一组选择的新闻不像说新闻那样简洁，练习的时候也可以比"三言两语"略多一些，"七言八语"也可以。

● 南昌一办事厅冷热两重天

7月5日，南昌市民李小姐向记者反映，南昌市公安局交管局高新大队（以下简称高新交警）办事大厅里热得像蒸笼，来办事得出一身大汗。记者实地调查发现，群众反映情况属实。

当天16时，南昌最高气温达34C°。高新交警办事大厅里等待办事的有四五十名群众。有群众不停地拿办事材料当扇子扇风，一些在窗口前排队的群众衣服已汗湿。

记者走到办事窗口附近，看到工作人员所在区域有两台立式空调正在工作，温度设定在26C°左右，旁边还有几台落地扇。

工作人员身边的空调正在工作。敲开办事大厅科长办公室的门，发现这间办公室里凉意十足，一名穿便服的工作人员回应记者提出的办事大厅没有空调的问题时说："那是上面的事，我们会反映给上面。"随后他不再理会记者。

训练提示：

> 练习这条消息重点应放在评论上。这种现象暴露出的问题的实质是什么？用一两句概括，一针见血，刺痛要害！促进改正，为民代言！

● 三人摔倒送李坚柔夺冠

在刚刚结束的冬奥会短道速滑女子500米决赛中，中国选手李坚柔夺得冠军，神奇的是，其他三名选手均在比赛中摔倒，中国队略显意外地获得了索契冬奥会的首金。

半决赛赛场，范可新和刘秋宏均意外无缘决赛，中国军团只剩下李坚柔一人争夺最后的冠军。比赛哨响，有人抢跑，召回重来，慢镜头显示朴升智抢跑。比赛第二声哨响，1道韩国的朴升智、2道意大利的方塔娜、3道英国的埃利斯冲在前方，李坚柔因为道次不佳位居第四。

奇迹在此刻发生了，朴升智、方塔娜和埃利斯在争夺位置的时候发生碰撞，一起摔了出去，李坚柔幸运地升到第一，顺利完成比赛后夺得冠军。赛后，英国选手埃利斯被判了犯规，意大利选手方塔娜获得了第二，韩国选手朴升智获得了第三。

半决赛赛场，范可新摔倒惊呆主教练李琰，当再看到意外一幕发生让自己的弟子夺得了冠军后，失之东隅收之桑榆的李琰再也按捺不住自己的心情，泪流满面。李坚柔也难以抑制自己的泪水，解说员大杨扬也已哽咽。这个冠军，太意外，也来得太突然！

📻 **训练提示：**

　　从哪个角度进行评述：偶然？侥幸？还是偶然中的必然？可以选择的角度为在别人意外摔倒的情况下沉着、冷静把握机会正常发挥！

● 湖南浏阳瞒报遇难人数

太恶劣！湖南浏阳瞒报爆炸遇难人数
安全生产与人心的漏洞谁来补？

12月4日上午7时50分左右，湖南浏阳市澄潭江镇碧溪烟花制造有限公司因违法生产烟花爆竹，造成一车间发生爆炸事故。12月

5日晚，当地发布初步调查结果称，该爆炸由车间违规生产引发。经全面清理，核定7人死亡、13人受伤。

然而，根据23日应急管理部的通报，当地隐瞒了该爆炸事故的真相——经过湖南省政府的提级调查，发现并核实另有6人死亡，"当地隐瞒死亡人数，性质恶劣，影响极坏"。

据了解，导致事故的主要原因系浏阳市碧溪烟花制造有限公司超许可范围、超定员、超药量、改变工房用途违法组织生产，属地安全监管部门责任落实不到位，未及时发现制止事发企业违法违规生产行为。

事故发生后，事发企业股东、法人代表及相关管理人员转移藏匿遇难人员遗体，伙同事发地浏阳市澄潭江镇有关公职人员谎报、瞒报事故信息，造成恶劣影响。

训练提示：

点评的角度是放在安全生产上还是放在谎报瞒报事故信息上？研究一下这篇报道的题目，能不能得到启发？

● 必须点赞的外卖小哥

训练要求：

根据下面的素材为这两位外卖小哥写一段颁奖词并宣读。

这两个外卖小哥，必须赞啊

最近，网上流行一句话："如果你的外卖很久没到，别急着给差评，你的外卖小哥有可能在救人。"不过，这可不是一句玩笑话，因为外卖小哥救人的事，就发生在吉林延吉。

事情发生在 11 月 18 日下午 1 点多，一辆白色小轿车突然冲断护栏，坠入布尔哈通河。当时河水还没有结冰，轿车下沉的速度很快，车顶眼看就要被淹没。

由于水压很大，车门打不开，一名女司机被困在车内难以逃脱。这时，发现情况的路人马上打电话报警求救，闻声而来的人也多了起来。

当时，送餐小哥肖志飞刚送完一单外卖，看到桥下有辆车，他意识到车里有人被困，"因为比较远，就光看着那红衣服好像在拍窗户。"

等待救援的过程中，车一直在下沉，速度越来越快，被困的司机随时都有可能溺水。危急时刻，肖志飞发现了身边跟他穿着同样外卖工作服的于超群。"当时我俩不认识，我问他，兄弟会不会游泳，他说会。我说一个人下去不行，咱俩一起！我俩把外衣脱了直接就跳下去了。"

河水冰冷腿抽筋，小哥救人遭遇险情

轿车坠河的位置离岸边有 20 多米远，当天的室外温度只有 1C°，河水冰冷刺骨，又不知道水有多深，救援情况并不乐观。

于超群和肖志飞两人先后下水，朝被困车辆游去。但由于水温太低，游到一半，肖志飞的腿突然抽筋了。也是这一下，让他明白河水起码得有两三米深。而此时，落水的女司机正在生死线上挣扎。

千钧一发之际，于超群游到了落水车辆旁。他先打开了后车门，发现里面没人，又与上游到驾驶室的位置。"我也没学过什么救人，

就手伸到里面抓到什么就想往外拽，当时抓到的是司机的腿部。"

"他开车门的那一刹那，我也不知道是开车门，感觉是车掉下去了，就感觉一股水涌进车里。我喝水了，但是我还有点意识，就感觉一双手抓住了我的腿，紧紧地往外拽我。在这个时候，我挣脱了安全带，一把就挣脱出去了。"女司机说。

看到这一幕，在场的人都松了一口气。

此时，水已淹到了车顶的位置，好在尚留有一处可以扶手的地方，于超群将赵影暂时安置在那里，又往副驾驶的位置游。这个过程中，岸边的热心人一直在跟赵影喊话，问还有没有人被困。

确定车上没有其他人了，于超群打算带不会游泳的赵影回到岸边，可是游了没几下，他的体力已经严重透支。

"感觉自己游不动了，连站立都有点困难，还好底下有垫脚的石头，然后那时候我自己就感觉根本回不去了已经。等我意识清醒了一点，他（于超群）抱着我正站在一块石头上。我告诉他，我说你别把我放下，我家里还有一个19个月的孩子。他告诉我不会放弃，你放心，一定会有人来救咱们的。"

时间一分一秒地过去，于超群就这样抱着赵影，泡在冰冷的河水里等待救援。当时肖志飞也守在岸边，他的左腿抽筋还没缓解。就在肖志飞犹豫要不要第二次下水时，又有一位热心人挺身而出。

"我游一半的时候我喊他（于超群），我说咱俩能不能游出来，他说你试试吧，水太深了过不去，我说那行，这样我赶紧回去取绳子，我转身就回来了。"

刘福国上岸没多久，民警带着绳子和救生圈赶到了现场。

但连续抛了两次，救生圈都没落到合适位置。第三次尝试，于超群看准时机向前一跃，抓住了救生圈。

"救生圈的那个距离，离我不是太理想，我还得蹦一下，因为我蹦的时候一个手把着救生圈，一个手扶着姐（赵影），抓到救生圈的时候，这只手把姐往救生圈的位置送，那个过程挺吃力的。"

救援人员往回拉绳子，眼看就要到岸边了，意外再次发生。赵影从救生圈中滑落，沉入了水里。

于超群拼尽最后一丝力气，又推了赵影一把，为下水接应的救援人员赢得了时间。最终，赵影和于超群都被救上了岸。

在围观群众的掌声中，肖志飞和刘福国悄悄离开了现场。

危难之时显身手，见义勇为获全城点赞

这场生死救援持续了半个小时，任何一个环节出现差错，后果将不堪设想。目前，落水司机赵影和参与救援的几名热心人身体状况都很好，已经回归了正常生活。

提起这次经历，赵影的心情至今仍不能平静。

"我那天就是出去练车，没想到把油门当刹车踩了。在车里最绝望的时候，要是没有他们那么英勇跳下水去救我，我现在真无法去想象当时的情景。"

于超群下水救人的过程，被现场群众用手机拍了下来。这些视频在延吉市民的朋友圈里疯转，慢慢地人们在视频里发现了更多热心人的身影，肖志飞和刘福国的名字也被大家所熟知，他们的壮举在这个冬天温暖了整座城市。

于超群和肖志飞被评为延吉市见义勇为积极分子，当地电视台还请他们到演播室录制节目。面对生活中突如其来的变化，于超群有点不适应，说："当时感觉我应该去做这件事，我就去做了。"

两位小哥家的生活条件都很困难，回到工作岗位后，他们常被订外卖的顾客认出来。肖志飞说，大家的关心和帮助让他感到温暖，但他更喜欢平淡的日子。

其实，英雄之所以为英雄，就在于那奋不顾身的一瞬间。于超群、肖志飞，包括后来下水的刘福国，之前是普通人，之后也是普通人，但救人的时候，他们是不折不扣的英雄，是我们身边的平民英雄。在当今和平社会，什么是英雄？救人于危难，这就是英雄。在这个时代，我们希望越来越多的普通人，能够成为英雄。

训练提示：

> 颁奖词是对获奖者的事迹所作的陈述性评价的文稿。这篇颁奖词要准确简洁地概括出两位外卖小哥令人敬佩的事迹，语言要高度浓缩，生动形象。宣读颁奖词的语言样态要体现出播音语言的三性三感，即：规范性、庄重性、鼓动性；时代感、分寸感、亲切感。

第三部分：化繁为简的练习

在信息的海洋中，主流媒体的社会角色正在逐渐地从立足信息发布向信息的解释转化，广播新闻也应该帮助听众用尽量少的时间获取更多、更有效、有价值的信息，有的新闻信息量大，旁枝末节很多，这时就需要我们化繁为简，把准要害，挖掘本质。因此，选择什么样的新闻，从长文中提炼什么，怎样对新闻进行解读，就成为新时代的主持人、主播极其重要的一项技能了。

将下面的素材改写成简明新闻。

➤ 菜贱伤农

蔬菜价格降至与 5 年同期最低点重叠　上市情况严重

今年入夏以来，蔬菜价格处于高位运行态势。在利益驱动下，菜农种菜积极性高涨，蔬菜供给量快速提高，导致供过于求。全国蔬菜价格在近两周低位稳中略升之后，将进入季节性上涨区间，尤其是新年期间会上升较快。农业农村部最新监测数据显示，12 月 4 日全国农产品批发市场重点监测的 28 种蔬菜平均价格为每公斤 3.50 元，比 9 月 30 日每公斤 4.42 元下跌了 20.8%。

今年 7 月份和 8 月份，菜花收购价每公斤可达 8 元，最近却跌至 0.2 元。"每公斤菜花，化肥、种子、人工成本需要 1 元，现在是赔了本钱还卖不出去。"山东省莒县果庄镇菜农孙师傅说。"最近一个时期，蔬菜价格逆势下跌，跌幅巨大，呈反季节性波动运行态势。11 月份 28 种蔬菜批发价格环比下跌 12.8%，比近 10 年蔬菜平均价格低 56%。"中国农业科学院农业信息研究所研究员孔繁涛说。一般来讲，蔬菜价格在经历 6 月份至 7 月份的"夏淡"之后将逐步上扬，至秋冬之交的 10 月份至 11 月份稳中趋升。然而，今年入秋以来，蔬菜价格呈现出走低态势。

同时，蔬菜品种之间的跌幅也存在巨大差异。叶类菜跌幅巨大，跌幅超过 40%；花类菜次之，跌幅超过 20%；菌类菜跌幅超过 15%，根类菜跌幅超过 10%；果类菜、茎类菜跌幅较小，低于 8%。

菜贱伤农再次上演，多地出现滞销难卖现象。山东省章丘市高关寨杜师傅种植的卷心菜亩产约 4000 公斤。按目前收购价每公斤 0.24 元计算，收入约 960 元，但他每亩土地浇水、施肥等费用约为 500 元，土地流转费用 480 元，每亩净赔 20 元。"今年秋冬之际的蔬菜价格逆势下跌，品种多、跌幅大、区域广、时间长、反规律，是多种因素共同作用的结果。"今年入秋以来，我国天气状况总体向好，光热条件充足，没有发生大面积自然灾害，显著增加了蔬菜产量。此外，产地转换、重叠上市，也是导致蔬菜滞销卖难的一个原因。今年夏季高温和强降雨，造成秋季蔬菜种植期推迟，因此在秋季蔬菜处于上市高峰期的同时，冬季蔬菜也开始上市，形成重叠上市现象。同时，部分冷棚种植户为防止蔬菜冻坏，采取及早采摘、抢先出售的策略，进一步加剧了叠加效应。

如何防止菜贱伤农，保障蔬菜供应？有关方面负责人建议要强化信息监测预警，完善蔬菜信息服务。采用人工智能、移动终端、感知技术、大数据等现代信息技术，对蔬菜生长发育、病虫害、温湿度等加以实时监测，预测、预警蔬菜生产供应量；对蔬菜各个品种的市场价格、销地需求、流通渠道加强信息采集和数据分析，预测、预警蔬菜市场需求量；做好信息发布和产销撮合工作，使蔬菜生产供应与市场需求形成有机衔接和良性互动。"针对当前蔬菜种植微利甚至亏本问题，要积极引导菜农合理安排蔬菜冬季生产，确保冬季蔬菜适度的在田面积。同时，统筹谋划各大主产区元旦、春节期间错峰上市与均衡供应，防止产地转换衔接不畅及重叠上市现象，实现蔬菜供应充足与价格合理。"

业内专家认为，未来蔬菜价格将逐步走出低谷。北京新发地农产品批发市场统计部经理刘通认为，菜价已经下降到近5年同期的最低点，降无可降。随着冬季气温下降，蔬菜产量也会有所减少，供应过剩局面将得到缓解，价格可望回升。"全国蔬菜价格在近两周低位稳中略升之后，将进入季节性上涨区间，尤其是新年期间会上升较快。如果不出现大面积异常天气，元旦、春节期间的蔬菜供应是有保障的。"

训练提示：

在新闻客观公正的前提下，选择什么不选择什么是有讲究的。想想看，你为什么要选择这条新闻呢？替菜农说话，为他们排忧解难？融媒体时代你怎么能把这篇报道改编得能适应受众滚动阅读、碎片阅读的习惯？那就是短、精，几句话就把事情说明白，广播稿是为听而写的，多用单句、短句，少用或不用复合句，更不能用倒叙句。不要显示你的所谓文采，使用一些难懂的晦涩的字词。不要忘了主持人、主播在关键的时候说上一两句话就能够提升你这条新闻的价值，使这篇报道更接地气，具有服务性。

➤ 31省份发力为农民讨"血汗钱"

将下面这篇长新闻删节改编，使之适合于说，然后进行说新闻及三言两语短评练习。

31省份发力为农民工讨"血汗钱"，欠薪"清零"倒计时

中新经纬客户端12月25日电（张猛）临近年关，农民工工资能否及时支付备受关注。近期，31省份纷纷开展根治欠薪行动，多措并举为农民工讨"血汗钱"。按照计划，根治欠薪冬季攻坚行动还剩下一个月，欠薪"清零"进入倒计时。

12月4日，国务院常务会议通过《保障农民工工资支付条例（草案）》，用法治手段治理欠薪顽疾等。会议强调，建设单位未满足施工所需资金安排的不得开工建设或颁发施工许可证，建立拖欠农民工工资"黑名单"，对拒不支付拖欠工资的可依法申请强制执行，涉嫌犯罪的移送司法机关处理。

12月10日至12日，2019年中央农村工作会议强调，农民增收是全面小康的基本要求，要发展富民乡村产业，积极鼓励各类人才返乡下乡创业创新，稳定农民工就业，加大对拖欠农民工工资的整治力度，多渠道促进农民持续增收。

12月13日，全国农民工工作暨保障农民工工资支付工作电视电话会议召开。会议要求，推动根治拖欠农民工工资问题取得更大成效，着力做好农民工就业创业和公共服务工作。

首都经贸大学城市经济与公共管理学院副教授张智新对中新经纬客户端表示，近期，中央会议多次聚焦农民工工资，体现了政府关注民生，关注弱势群体。

国务院根治拖欠农民工工资工作领导小组办公室副主任王程指出，保障农民工劳动报酬权益，关系到广大农民工兄弟的切身利益，关系到社会公平正义和社会和谐稳定。

11月7日，国务院根治拖欠农民工工资工作领导小组办公室发布通知，决定从2019年11月15日至2020年春节前，在全国组织开展2019年度根治欠薪冬季攻坚行动。近期，31省份纷纷落实开展根治欠薪行动，多措并举为农民工讨"血汗钱"。按照计划，根治欠薪冬季攻坚行动还剩下一个月，欠薪"清零"进入倒计时。

中新经纬客户端梳理发现，多省份要求，对查实的欠薪违法行为将做到"两清零"。即2019年10月底前发生的政府项目和国企项目工程欠薪案件，在2019年年底前全部清零，其他欠薪案件在2020年春节前及时动态清零。

北京、天津、河南、广西、山西、江西等多省份通过"黑名单"

管理、欠薪入罪等手段，依法打击欠薪违法行为，构筑"一处失信、处处受限"的联合惩戒大格局，以增加欠薪企业和个人的违法违规成本，从源头形成震慑力。

此外，内蒙古建立劳动争议仲裁"绿色通道"，快速调处涉及拖欠农牧民工工资的争议案件；广东、江苏、安徽、贵州等地明确建筑工人采用实名制，发放工资"谁承包谁负责"；上海依托在全国率先建立的欠薪保障金制度，对符合垫付条件的企业劳动者快速先行垫付部分工资；福建、云南、吉林对农民工工资保证金、农民工工资专用账户制度予以明确。

专家支招通过制度建设来解决问题

张智新分析，一些农民工跟用工方没有签订劳动用工合同，造成维权困境；另外，在建筑行业长期存在一些"潜规则"。比如，层层发包转包，完全是建筑方垫资，各方债务链中，包工头处于相对弱势地位，包工头拿不到钱，农民工自然也发不了工资。

张智新建议，整治行业"潜规则"，人社部门要加强监管，积极处理农民工投诉；同时，希望各地积极推广建立欠薪保障金制度。

北京大学国民经济研究中心主任苏剑认为，农民工是弱势群体，整治农民工欠薪问题需要有完善的法律体系，让农民工通过法律来保障自己的合法权益。同时，要加强对欠薪企业的惩罚和监督力度，建立健全长效机制，通过制度建设来解决问题。

据初步调查，2019 年度根治欠薪冬季攻坚行动开展近一个月来，各地共处理欠薪案件 6654 件，共为 8.1 万名农民工追发工资待遇 10.75 亿元；向公安机关移送涉嫌拒不支付劳动报酬罪案件 354 件，公安机关立案侦查 220 件。

王程强调，下一步，将加强沟通协作，健全完善劳动保障监察执法与刑事司法衔接制度，指导各地增强打击合力，及时有效惩处恶意欠薪犯罪行为，切实保障农民工的劳动报酬权益。

训练提示：

> 　　选择这条新闻的目的是宣传党对农民工的关怀，31 个省开展根治欠薪行动，为农民工讨"血汗钱"。删节时注意要紧紧围绕着这个主题，体现出 31 个省开展的各种活动。说新闻时要把党的关怀送到农民工心坎里。

➤ 为探月探火奠定基础，"胖五"大火箭有大梦想

　　将这篇报道化繁为简删节改编成主持人说新闻，改编好后做说新闻练习。

　　908 天的等待之后，我国新一代大型运载火箭——长征五号迎来第三次发射任务。12 月 27 日 20 时 45 分，中国文昌航天发射场，长征五号遥三火箭带着耀眼的光芒，撼天动地，冲破云霄。这次发射任务的成功，意味着我国具备了探索更远深空的能力，也为未来实现探月工程三期、首次火星探测任务等国家重大科技专项和重大工程奠定了重要基础，迈出了建设航天强国的坚实步伐。

⚟ 遥三火箭有哪些特点?

200 余项技术改进，代表我国运载火箭科技创新最高水平

作为我国首型 5 米芯级直径的大推力运载火箭，长征五号运载火箭因为体型宽大，被亲切地称为"胖五"火箭。

长征五号是我国首个自主研制的新一代大型运载火箭，创下了多个"第一"与"之最"，代表了我国运载火箭科技创新的最高水平。长征家族中，长征五号可谓是名副其实的"大火箭"——起飞质量最大、起飞推力最大、箭体结构最大、运载能力最强、运载效率最高。与国际同类现役运载火箭相比，长征五号近地轨道 25 吨左右的运载能力，已位居世界前列。长征五号还填补了我国大推力无毒无污染液体火箭发动机的空白，赋予中国运载火箭"绿色环保大推力"的新名片。

大国重器，十年"磨箭"。2016 年 11 月 3 日，经过 10 余年的工程研制，长征五号火箭精彩亮相，首飞成功。然而，在 2017 年 7 月 2 日实施的第二次发射任务中，长征五号遥二火箭却因为发动机局部结构问题未能将卫星送入预定轨道。从第二次的发射失利到第三次的圆满成功，一共历时 908 天。在这 30 个月里，长五研制团队经历了什么? 大火箭又做了哪些技术改进?

"归零"，成为记者采访过程中最常听到的词语。这是中国航天从实践中总结提出的解决质量问题的方法。中国航天科技集团一院长征五号火箭总指挥王珏告诉记者:"经过两年多的归零和验证工作，研制团队攻克了发动机技术难关。并且在完成发动机问题归零的同时，长五火箭的技术改进和可靠性提升工作也实现了突破。"

长征五号遥二火箭失利后，经过 100 余天的故障排查与定位以及

180 余天的试验验证，失利原因终于确认。火箭芯一级氢氧发动机在复杂力热环境下，局部结构发生异常，发动机推力瞬时大幅下降，致使发射任务失利。

"火箭上次失败，是一个复杂力热环境的相互共同作用下，使发动机的某一个零部件组件不能适应，出现失效。但这个毛病隐藏得比较深，偶尔出现，大多数情况下不出现，一旦出现就是灾难性的。所以这次归零，我们通过地面反反复复的各方面理论分析、试验验证，终于把'捣蛋'的这个'家伙'逮住了。"中国航天科技集团一院长征系列火箭总设计师龙乐豪院士说。回忆起"遥二"发射失利后的场景，满头白发的龙乐豪说："当时并未与研制团队过多交流，我相信他们有能力顶住压力。"

长五人确实顶住了压力，尽管攻关的过程并非一帆风顺。中国航天科技集团一院长征五号火箭总设计师李东对几个时间节点印象深刻。2018 年 11 月 30 日，改进后的芯一级氢氧发动机在长程试车过程中出现问题，经过改进，2019 年 2 月顺利通过了两次长程试车验证。然而到了 2019 年 4 月 4 日，在长征五号"遥三"火箭的总装工作进入到最后阶段时，一台用于后续任务的芯一级氢氧发动机又发现了问题……

面对一个又一个困难，科研人员没有灰心，会议室忘却寒暑、试验场不分昼夜。908 天的夜以继日，集聚全国优势资源联合攻关，累计 40 余次 1.5 万余秒关键技术试验，终于攻破一个又一个难关。不只是发动机研制团队，各参研参试单位的科研人员、工程技术人员、联合攻关的院士专家、发射场系统的工作人员，甚至包括航天人的家属……都为长五遥三的成功付出了艰辛的努力。

据介绍，遥三火箭在遥二火箭的基础上，进行了 200 余项技术改进。其中比较重大的技术改进有 9 项，包括了发动机设计改进、长排整流罩设计改进、利用系统调节方案改进等。

🔢 大块头能做啥？

肩负月球采样返回、火星探测等重要任务

　　运载火箭的能力有多大，中国航天的舞台就有多大。作为目前我国运载能力最大的火箭，"胖五"是承载着中华民族对浩瀚宇宙向往的"梦想之箭"，也是我国由航天大国迈向航天强国的重要标志。长征五号肩负着月球采样返回、火星探测等多项重大航天工程任务，也可用于不同地球轨道大型载荷及其他深空探测任务载荷的发射。

　　再登月球——2020年，我国将用长征五号运载火箭择机发射"嫦娥五号"，实现月面无人采样返回，圆满完成探月工程三步走的规划目标。嫦娥五号任务需要将嫦娥五号探测器直接送入地月转移轨道，这必须由具有大运载能力的长征五号运载火箭来完成。

　　首探火星——目前，我国正在开展首次火星探测工程的研制工作。按照计划，2020年，我国将通过长征五号发射火星探测器，并通过一次发射实现火星环绕、着陆和巡视探测。李东介绍，长征五号的成功研制，将大幅度提高我国进入空间的能力，助力我国深空探测能力和水平的提升，实现在深空探测领域的跨越。

　　此外，长征五号火箭还为构筑我国新一代运载火箭系列型谱奠定了坚实技术基础。2020年，长征五号B等多型新一代运载火箭将相继迎来首飞。

第二章　综合练习

❓ 火箭上"运"了啥？

搭载我国最重同步轨道卫星，全面验证

"东方红五号卫星平台"关键技术

很多人还很好奇，长五遥三火箭发射，搭载的是什么卫星？

专家介绍，长征五号遥三火箭上的这名"乘客"，就是实践二十号卫星。它是以"东方红五号卫星平台"为基础研制的一颗新技术试验验证卫星，重量达 8 吨，是目前我国研制的地球同步轨道发射重量最重的卫星，也是技术含金量最高的一颗卫星。

实践二十号携带了不少"黑科技"。它有着我国迄今为止面积最大、翼展最长、展开方式最复杂的太阳翼，能够低速转动，保证始终朝向太阳。它还配备了国内功率最大的电源控制器，确保太阳翼提供的超强电流"听话地"流到卫星每一个角落，维持卫星的健康运转。

那么，这颗卫星到底有什么作用？

用中国航天科技集团公司五院总工程师、实践二十号卫星总指挥周志成院士的话来说，"实践二十号卫星首要任务是验证'东方红五号卫星平台'的技术稳定性，由于搭载了十多项国际领先的技术验证载荷，也兼具新技术技术验证的使命。以'实践'命名卫星，就是对该星所承担的探索意义的最好诠释"。

据介绍，"东方红五号卫星平台"是我国自主开发的新一代大型地球同步轨道卫星平台，单机国产化率达 100%，能满足未来 20 年的大容量卫星应用需求。实践二十号作为该平台的首飞试验星，它的成功发射将对我国通信卫星事业的发展起到重要作用。

训练提示：

　　首先要仔细看，分析这篇报道的新闻价值在哪里？然后认真思考我的栏目需要宣传什么？宣传发射成功的意义是什么？宣传第一次发射失败后航天人不屈不挠、归零再干的精神？还是宣传航天人成功后的喜悦心情？在众多信息中，要以核心价值为主，以'我'（节目宗旨、栏目特点）为主。不要简单地为了删节而删，还要努力使之适合广播，适合听。说新闻的时候把握好喜悦、兴奋的基调。

➤ **80 多个小时，生命奇迹**

　　将央广新闻关于四川宜宾杉木树煤矿透水事故 13 人获救的消息压缩改编成 3 分钟的口头报道。

80 多个小时生命奇迹！

事故被困 13 人全部成功升井！关键时刻一张纸条……

　　凌晨 3 时的杉木树煤矿沸腾了。

　　在透水事故发生近 84 小时后，井下传来令人振奋的消息：13 名被困人员全部生还。消息传到指挥部，现场一片欢呼，有人激动地流下了眼泪。

　　18 日早上 8 点左右，最后一名被困人员成功升井！此时，距离事故发生已经过去整整 86 个小时。

　　目前，川煤集团杉木树煤矿"12·14"透水事故被困井下的 13

名矿工全部成功升井！他们被分别就近送往宜宾市矿山急救医院、珙县人民医院、珙县中医医院救治。

此前消息，12 月 14 日下午 3 点 26 分，位于四川宜宾珙县巡场镇的四川芙蓉集团实业有限责任公司杉木树煤矿发生透水事故。截至 16 日 16 时，事故造成 5 人遇难、13 人失联。

凌晨 2 点 57 分，井下救援人员报告称，已与被困者建立联系，确认井下还有生还者。

凌晨 3 点，救援人员报告，随着水位下降，其中一名被困人员涉水与救援队伍汇合，并报告 13 人全部活着。

据介绍，此前井下救援人员已与被困者通过敲击管道的方式联系上。随后，被困者通过细塑料管传出一张纸条，进一步确认人员安全的信息。

5 点 55 分，川煤集团杉木树煤矿透水事故中，被困 86 个小时的第一批 2 名被困矿工在救援人员的合力下相继抬出。

6 点 20 分，第二批 2 名被困矿工也成功升井。

7 点 18 分，第五批被困人员升井。

8 点左右，最后 1 名被困人员升井，13 名被困人员全部救出！

矿工传出的纸条，纸条上歪歪扭扭写着几个字，仔细辨别，像是"未上水"。

被困 13 人全部存活　有三个重要原因

现场指挥部相关负责人分析，事故过去 80 多个小时，被困 13 人全部存活，除了外部科学施救、加紧施救之外，至少有三个重要原因：

第一，井下被困人员经验较丰富，被困期间，轮流打开安全帽上的矿灯，以确保洞内保持光源，在漫长的等待中大家保持了信心。

第二，被困人员熟悉井道地形，灾难来临选择了生存概率最大的逃生方向。被困人员逃生到地势比较高的独巷，且有相对充足的空气。被困人员下方有个低洼处且有斜坡，水是漫上去的没有冲击力，给被困人员预留了相对安全的生存空间。此外，被困人员没有走散，为一次性营救奠定基础。而人员是否集中，也是前期救援指挥中心最为担心的焦点之一。

第三，巷道内温度维持在 24 摄氏度左右，为大家保存体力创造了有利条件。

根据被困人员身体情况，医护重点是补充电解质和营养液，第一天不会进食。此外，因为被困人员在这几天一直待在一起，人员的心理恐慌度会相对降低，这也有望降低后续心理辅导的难度。

持续 80 多个小时的紧张救援，我们终于等来了好消息！

这是一场让人欣慰的生命奇迹！

吃皮带和泥巴，被困矿井 80 多个小时后，他们活了下来

"在井下实在饿得受不了了，有人吃泥巴，有人吃皮带，我吃的就是皮带。"

19 日上午，在四川省宜宾市矿山急救医院，杉木树煤矿透水事故中的获救矿工刘贵华接受记者采访，讲述了在井下被困 80 多个小时中的求生细节。

生存状态：吃皮带和泥巴躺、坐在传送带上

今年 56 岁、在煤矿工作 36 年的刘贵华说，被困的矿工有 10 名是掘进工、2 名打钻工、1 名瓦斯检查员。14 日当班入井时每人带了一盒盒饭，但第一天盒饭就吃完了。后来两天，井下实在没东西可吃，有人开始吃泥巴和皮带。

"我割了点皮带吃，嚼着吃，再用水冲下去。"刘贵华说，也有人

吃泥巴或煤炭，"他们说煤炭不好吃，泥巴还好吃一些，喝的是井下的管子水和顶板上的漏棚水。"

"当时准备下班，刚走到斜坡，看到水下来了，赶紧往上走。"刘贵华说，那是一条独头巷道，后来水位一直上涨，他们一直往高处走，最终走到了最高点开始等待。几天时间里，大家或躺或坐在巷道的传送带上。

幸运的是，水一直没有淹到最高点，水位最高的时候，水线离他们脚下还有七八米远。刘贵华说，几天时间里自己没怎么睡觉，一直观察着水位。"我盯着水要不要上涨，水再上涨，我们就真的活不了了。"

"我一直相信会有人来救我们。"刘贵华说，在井下曾经有人绝望过，但自己因为在煤矿工作了36年，对井下巷道也熟悉，相信一定会获救。在井下，大家轮流使用矿灯，一直都有光源。

嘴含水管做潜水实验　最后时刻一人游向救援人员

想回到主巷道，矿工们必须通过一段淹水的区域。53岁的获救矿工易光明告诉记者，大家在井下曾嘴含水管做潜水试验，想游过淹水区域。"但后来发现行不通，因为水太深了，太远了。"

直到被困3天以后，矿工们终于通过敲击管道联系上了救援人员。刘贵华说："后来听到外面有人敲管子，我们就回了13声，都感到很激动，他们敲多少声我们就回多少声。"

18日凌晨2时左右，矿工们在井下已被困80多个小时，救援人员也离他们越来越近，听着水泵抽水的声音，即将获救的矿工们更加激动。但此时抽水速度变慢，他们脚下的水位不再下降，甚至缓慢上升。

"我们就想告诉他们，水泵不上水了。"刘贵华说，此时瓦斯检察员用笔在纸上写了"不上水"的信息，装进塑料袋。大家又找到4根8米长的PVC塑料管，用塑料管绑上袋子穿过淹水区，将信息送了过去。

"后来我决定游出去告诉他们机子上（抽）水慢。"刘贵华说，当时的巷道位置他以前经常走，非常熟悉情况，估计距离不远，"我就一口气游出来了，大概有15米左右。"

"我们13个人都没死的话，出去后建个群！"

井下被困几天，独自一人先游出来的刘贵华终于见到了救援人员，那一刻他"非常高兴"。"里头人员怎么样？""还可以，要加快抽水。"简单的对话后，救援人员加快了抽水速度，几分钟后成功将其他矿工救出。

刘贵华说，井下被困区域的温度和空气都适合生存，最开始大家精神面貌较好，后来出现头晕，"直到他们通过压风管送来了氧气和药物，好多了。"

谈及获救时的感受，刘贵华说："知道外面在救我们，快到了的时候，我没有哭，出来以后特别想哭。"他告诉记者，在井下大家想得最多的是保持体力，有人绝望时就相互鼓励。

一起在井下被困80多个小时，矿工们也在聊获救后的打算。"我们在井下说，13个人都没死的话，出去后建个群，常来常往。"刘贵华说。

最后谈及家人，刘贵华情绪激动了起来，他想对一直等待的妻子说："放心，我很好，我在医院躺着很舒服，没得问题，医院的照顾也特别好。"

矿工家属自发组织向救援队伍致谢

5 天 4 夜紧张的救援牵动了不少人的心。当 13 名被困矿工全部获救的消息传来时，不少网友表示，黑暗中，救援人员头顶的灯光就是生命的希望。

18 日清晨，记者在现场看到，当救援队完成救援任务集结返回的时候，有一些煤矿职工和家属站成一排，目送救援队伍离开，表达感谢。

该矿职工牟晓梅告诉记者，事故发生以来，有很多职工和家属都在煤矿周边守着，期盼着好消息。特别是第一批医护人员下井开展最后救援后，有很多人都守在现场，彻夜未眠。18 日早上，得知好消息，大家都非常激动，30 来人自发组织起来，向救援队伍致谢、道别。

训练提示：

精读两篇报道，根据你的栏目宗旨，确定主题。根据主题要求大胆删除，要能忍痛割爱。有三个报道角度你可以考虑：一是 80 多个小时终于获救了，以最后一名遇险矿工被救升井的场景为主；二是以在井下坚持 80 多个小时等待救援为主；三是以遇险矿工的乐观态度与家人的亲情为主。两篇报道都很少谈到获救治疗的情况，留待后续报道。"为主"不等于不介绍其他内容，还要兼顾到事件的前因后果，不要让听众听得一头雾水！重大事件发生，主流媒体一般会进行连续报道，密切关注事态的进展，这种情况不在我们这次练习之列。稿子编辑好了，就要上口说了，自己采编的稿子一定会说得很好的，说时要注意条理清楚、感情到位。

现场报道

　　何为现场报道？顾名思义就是记者在现场进行的报道。广播的现场报道，记者的报道和现场的声音要同步，即同期声。电视的现场报道还要有现场活动画面。

　　2004年9月1日，30多名武装分子袭击了俄罗斯某市的一所学校，1000多名师生被劫持为人质。9月3日，特种部队被迫采取行动解救人质，与劫匪展开了激烈枪战。

　　凤凰卫视的记者卢宇光克服重重困难赶到现场进行报道。那时他已经连续工作了50多个小时。发生枪战时，武装分子向他冲过来。这时他通过卫星电话向全世界的华人发出了自己的声音：

　　"现在武装分子正向我的方向冲来，我不得不后退了。"

　　"他们又冲过来了！"

　　"我不能再拍了，他们过来了……"

　　短短的几句话把受众带到了现场，受众和他一起紧张起来。听着他急促的声音，听众也似乎闻到了呛人的火药味。就是在这样危险困难的情况下，卢宇光坚持每15分钟与总部通一次电话，及时地把情况报道出去。

　　还记得可乐男孩吗？2008年5·12四川汶川大地震，中央电视台的现场报道中有这样一个镜头：救护人员从坍塌的废墟中救出一个小男孩儿，躺在担架上的小男孩儿费力地说了一句话："叔叔，我要喝可乐，冰冻的。"一句话令多少观众落泪，这就是现场报道的力量。后来通过记者到可乐男孩住的医院采访，人们才进一步了解到男孩儿被压在废墟里80个小时是怎么度过的，几个孩子在废墟里相互看不见，却能听到声音。过一小会儿，他们呼叫着同学的名字"某某某，

新时代新闻播音与主持实训

你还好吗？""某某某，千万别睡着，睡着了会醒不过来！一会儿会有人来救我们的！"终于有人来救他们了。

解放军救他的时候，为了缓解他的紧张，边救他边和他说话："你出去了想要吃什么？""我要喝可乐，冰冻的。""好，出去了我给你买可乐。""那我请你吃什么呢？""你就请我吃雪糕吧。"

正像白岩松在《新闻1+1》里说的："人们看一会儿电视，感动得哭一会儿，笑一会儿，哭一会儿，人们完全融进了现场情景中。人们不是在看电视，而是就在现场。"这就是现场报道的力量。

2020年的春节，人们还没有来得及享受团圆喜悦欢乐，一场突如其来的疫情席卷了武汉三镇，进而蔓延到全国。医务工作者告别了父母妻儿，奔赴与新型冠状病毒肺炎殊死搏斗的战场，一场"抗击新型冠状病毒肺炎疫情"的战役打响了。

每当有重大事件发生，新闻记者都会第一时间赶赴现场，这次也不例外。他们深入最危险的第一线，用最快的速度向全国人民、向世界人民报道事情的真相，传递人间真情。

2020年1月15日至22日中央广播电视总台的记者蒋小平和摄像苗毅萌在武汉金银潭医院蹲点采访了八天，进入病房，记录下医护人员抢救病人的过程。1月24日除夕当晚，央视增员团队的首批4名记者星夜赶赴武汉。他们说，我们不确定这场战役会持续多久，但我们一定会用我们的镜头记录这里的一切。是的，通过他们的镜头，我们看到了各地医务人员告别家人、同事驰援湖北的壮观场面；我们看到了医务人员为了节省一套防护服不敢喝水，不能按时吃饭，坚守岗位的动人情景；我们看到了痊愈出院的病人感恩的热泪；我们看到了记者们克服各种困难采访，质问那些不作为、不负责的官员们的实况；我们看到了在困难面前牺牲自己温暖他人，默默奉献出爱心的普通人。这就是现场报道的力量，这就是从事现场报道记者的使命和担当！

第一节　现场报道记者的专业素养

作为一名合格的新闻记者，记者型主持人，应该具备的素质包括政治素质、专业素质，这是新闻人应该具备的最基本的素质。我们这里谈的是现场报道的记者，特别是采访突发事件的现场报道的记者、主持人应该具备的专业素养。

在主流媒体，一旦有突发事件发生，特别是有重大事件发生都会选派有经验、采访能力强的记者去完成。记者们也会把高标准完成这些重大事件的现场报道，作为自己专业水准的一个标尺。

做好重大突发事件的现场报道，首先要做一个正直的人，具有高尚品德，独立思考的人，能够坚持真理，不媚俗，敢于说真话。

2019 年 12 月 24 日的央广新闻节目中，报道了湖南浏阳隐瞒爆炸事故的事情。消息说：12 月 4 日，烟花之乡湖南浏阳发生爆炸事故。对于伤亡情况，当地最初称是一死一伤。后来媒体质疑，官方才改称是 7 死 13 伤。23 日下午，应急管理部给出了最终答案 13 死 13 伤。

由于媒体的追问，群众才得以知道真相！

在 2020 年这场抗击新冠肺炎疫情的战斗中，中央广播电视总台央视的记者们，为了把真相告诉受众，克服了种种困难。当时湖北黄冈已经成为仅次于武汉的第二个疫情高发区。1 月 29 日，中央指导组派出督察组赶赴黄冈市，进行督察核查，而问到当地相关负责人一些问题的时候，他们要么沉默，要么含糊其辞，一问三不知。为了让受众进一步了解黄冈某些负责人不负责任、一问三不知的真相，暴露他们的嘴脸，央视记者采访了黄冈有关方面负责人。

> 记者："刚才在问您具体有多少床位的时候，您一直在查资料，打电话。您掌握这个情况吗？"
> 唐某："是啊，我是在问收治多少病人，因为病人数每天都在变。"
> 记者追问："现在有多少病人。"
> 唐某："这个我不知道，我搞不清楚。"
> 记者："您觉得这是很细节的问题？"
> 唐某："我只知道有多少张床位，你非得问我收治了多少病人，我不知道。"

记者的几个问题把这位不作为的官员问得丑态百出。

敢于说真话是现场报道记者的最基本的素质。除此之外，现场报道的记者还要有很强的洞察力，有洞幽察微的本事。特别是融媒体时代各种信息扑面而来，哪些是真？哪些是假？记者要有很强的辨别力。

网上有这样一个画面：一位记者要去武汉采访了，出发之前给妈妈打了电话。

> 记者："妈妈我要去武汉采访了，深入疫区，您有什么想法吗？"
> 妈妈："那没办法呀，要服从组织安排，那就去吧，马上做点饭给你吃，做点儿年夜饭。"
> 记者："好的，谢谢妈妈支持。"
> 妈妈："我儿子最棒！"伸出了拇指！

看了这样的画面，真有一种受愚弄的感觉。

哪有这样的儿子？自己马上就奔赴最危险的战场了，跟妈妈要感想？

多少勇士奔赴战场怕父母担心惦记，不敢告诉父母。离别父母家人那一刻，谁那么理智文绉绉地问家人："我要上战场了，和敌人真刀真枪地去战斗，您有什么感想，您有什么想说的？"

自媒体的信息满天飞的情况下，人们一方面在传播各种信息，一方面又特别盼望着从主流媒体得到验证，哪些消息是真的，哪些消息是假的。这些新闻的出现，正是考验记者洞察力、辨别力的时候。现场报道的记者就要通过自己的观察、思考、调查、辨别真假，还原事情的真相。

现场报道记者是历史的记录者，需要还原事件的真相，反映民众的诉求，为党发声、为民发声。要很好地完成这一使命，就要扑下身子，融入突发事件当中，用心去体验，与民众情感共鸣，也只有情感共鸣，心心相印，才能得到民众的信任与支持，才能报道出有温度、有色彩、真实感人的新闻。

在武汉抗击疫情现场报道的记者为我们树立了榜样。他们穿上厚厚的防护服，在最危险的为危重病人插管抢救的现场采访；他们把医护人员摘下口罩，满脸勒痕，美女变"老媪"的形象展现在受众面前；他们把方舱医院的护士穿着防护服，做着各种动作哄小患者开心的动人场景呈现在受众面前；他们把驰援武汉的军人风采，志愿者无私奉献生动地记录下来。每一个镜头，每一段讲话，都饱含着他们的心血，他们的深情！

他、她、他们把自己融进了抗击疫情的战斗中，以战士的姿态冲锋在前。他们以自己的经历告诉我们：

现场报道的记者一定要融进现场氛围中，突出"我就在"，我在现场与受众，与现场中的人情感共振，同欢乐共悲伤。当你来到欢乐的海洋，当你走进惨痛悲伤的现场的时候，你的心情肯定是不一样的，这是人性的本能表现。无论你在什么场景采访，始终能保持清醒，灵活思考，缜密判断，明确表达。除了专业本领，人格魅力加上专业技能才称得上优秀现场报道记者。

透过抗疫报道也让我们深切地感受到这里说的现场，绝不仅仅是事发的现场，这个现场是所能传播到的任何地方，是你的受众所能感受到的现场。在融媒体时代，没有哪一个角落没有消息，没有哪一个角落不透出光亮。

在全国人民戴口罩，每天关注今天又有多少疑似病例，多少死亡病例的紧张、恐惧、伤感、期盼的氛围里，任何不和谐都会引起受众的反感。一位记者在小轿车里采访钟南山院士，她亲昵地依偎在钟南山院士身旁满脸微笑，与钟南山院士的严肃形成了鲜明对照。2017 年 11 月 18 日在合肥高速公路上发生了一起交通事故，多辆车相撞，现场非常惨烈。一位到现场采访的记者以惨烈的事故现场为背景，微笑着举起象征胜利的"V"形剪刀手拍照。被网友怒斥"真是不可思议"。别说是公众人物，就是任何人在这种现场都不该露出微笑，正常人让你笑都笑不出来。这些教训值得注意！

现场报道的记者还要有较强的应变能力。现场报道有两种情况：一是预知的现场，比如会议等大型活动，记者可以提前拿到活动预案，了解活动目的、程序等。即便如此，记者也要有充足的应变准备。原定的五项议程，因某种原因取消了一项或者更换了一项。原定七位领导出席，因某种原因有一位领导没来，记者到了现场，如果不注意观察，就有可能闹出笑话，把没有出席的领导名字也报出去了。

还有一种情况就是突发事件，多为灾难性的事件，这种情况未知因素太多，就更需要记者有应变能力了。

记者在现场报道时遇到突发情况，需要应变处置的例子不胜枚举，我们还是选一个较为典型的例子说说吧。

"彭定康转了一圈，又转了一圈，又转了一圈"

事情是这样的，1997年香港回归的那一天，中央电视台进行现场直播，根据事先商定的环节，彭定康在主持完港府降旗仪式后，乘车在港督府院内绕一圈以示惜别之情，转播稿已经写好："彭定康的汽车在港督府院内绕了一圈，车子很慢，历史的车轮却滚滚向前，香港回归已是任何人无法阻挡的现实。"（大意，未经主持人核实）

没想到彭定康没按计划办，车子在院内转了一圈并没有出来，又转了一圈，这时主持人已经把原定的转播稿播完，看到车子没出来只好说"又转了一圈"，还没出来，主持人又说"又转了一圈"。因为事先有稿子，主持人的注意力都在稿子上，对突然的变化没有思想准备无法应对，只好"又转了一圈，又转了一圈"。

这个例子提示我们，现场报道的时候无论有稿还是没稿，记者都要有应变的能力，特别是有稿的时候更需要应变能力，没稿的时候记者的注意力集中在事件上，从一开始他的思维就是跟现场情景走，思维是连贯的，而且是自己看到的情景反应在自己脑子里的，这个时候出现的变化，他可以及时捕捉到。有稿的时候记者的思维是有轨迹的，主要注意力是在稿子上，所以有稿的时候记者更要有应变的准备。（记者的语言表达能力在下一章阐述。）

一个优秀的现场报道的记者、主持人一定是一位提问好手，也必然是善于倾听的能人。因为有了好的提问才能引来有价值的信息，善于倾听、发现问题才能引发进一步的思考，认真地听被采访者的讲述才能唤起被采访者的信任，产生与记者交流的愿望。提问和倾听是记者最重要的技能，这项技能需要不断地实践，不断地总结提升。

在微信朋友圈里，朋友发了一个记者在武汉抗疫前线采访某位张姓医生的小视频，还幽默地加了一个小标题"这老张一点面子也不讲"①。

> 记　者：您想您母亲吗？
> 张医生：对我们这样一个非常理性的医生，因为你们是
> 　　　　如此地感性，对吧，那我们看到感性的人，我
> 　　　　们是做不了的，我就问你哪一个正常的人他不
> 　　　　想自己的母亲呢？（视频中的原话，没做任何
> 　　　　文字处理）

这段视频给我们的启示是：记者在采访前要有充分的准备，明确采访目的，不同的采访目的选择不同的采访对象；采访对象通常对记者的态度很敏感，记者提问既不能咄咄逼人，给人压力，也不能提问那些显示被采访者没水平的问题。

提问是采访的一个主要手段。采访包括查阅资料、座谈、访问等许多方面，我们这里主要说的是现场报道中的提问。

提问水平的高低，在现场报道中起着重要作用。通过提问，让当事人说话，让群众说话可以增加现场感、真实感。然而由于现场报

---

① 京剧《沙家浜》里的一句台词。

道记者水平参差不齐，时有不尽如人意的情况。

　　在武汉某方舱医院门口。医护人员陪同一位痊愈患者走出门口并献上鲜花。当患者手捧鲜花上车的时候。一位女记者手持话筒上前采访："你这鲜花是干吗的？"受访者无语。

　　我们向冲在抗疫第一线的记者致敬，但只有勇敢精神是不够的，作为一个专业记者，还需要精通业务，采访前要动脑筋想一想，我要采访什么？目的是什么？怎么提问？观众想知道什么？不要没话找话，不要言之无物，问那些无厘头的问题，显得自己太没文化。

第二节　现场报道的语言特点

现场报道的语言最大的特点是口语，是说话，是即兴口语表达。

记者进行现场报道的时候。既要描述现场阐述事实，又要采访提问适当评论。记者现场报道呈现出的语言样态是多样化的，但归根结底是"说"。

现场报道的即兴口语表达不是任何个人随意的语言活动，必须受到宣传的性质、目的、任务和自身媒体特点的制约，具有强烈的目的性、严密的逻辑性、确凿的可信性和真实感。

播音员、主持人的日常播音与主持属于有稿播音，是在播送别人写好的稿子。而记者在重大突发事件的现场报道，是没有人为你写稿子的，很多时候都没有时间先写好稿子或列个提纲的，因为有些突发事件你不知道现在的情况怎么样，也不可能知道下一秒将会发生什么！

那么该怎么说呢？

首先要有强烈的播讲愿望，明确自己的使命，毫无疑问，每一个冒着生命危险来到灾难现场进行采访报道的记者，都会有一种激情，有一种强烈的愿望，想把事实真相告诉人们。问题是要把这种愿望表达出来告诉受众，这就是考验现场报道记者语言功底的时候了。

要把你心里的"数"表达出来，就要完成由"想"到"说"的过程。这就需要有较强的语言组合能力。巧妇难为无米之炊，你的词汇"仓库"是你组合语言的保证。迅速有条理、逻辑清晰地组织好语言，要靠平时生活中对知识的长期积累。

讲"人话"，不讲"字话"！说出来的话，你表达的意思，实际上是你的第二张面孔，是你内心的外露。

看央视《战疫情》特别报道常常看到央视记者董倩在武汉采访医务人员的情景，她表情严肃，语言干脆有力，毫无拖泥带水、优柔寡断的现象。她展现在观众面前的是她对疫情的关切，对抗疫英雄们的赞美，对不幸者的哀悼。她所表露出的感情和观众的感情融在一起，是发自内心的真情。此时，没有人过多地去关注她的语速、停连和节奏，也没有人关注字音准不准，调值对不对！情是基础！（这里不是说董倩的语言不标准。）

如果你脱离了现场的情景，你的语言表达里包含了你的私心，哪怕只是一种成就感，一种克服了种种困难，采访成功的喜悦，如此一来，你形象再佳，声音再好，观众也会吐槽，因为你已经从大众情感中跳脱了出来，与灾难现场的整体氛围格格不入。现场报道的语言是口语，但不是生活口语，是经过提炼的口语，必须遵循规范化的原则，特别是广播电视主流媒体传出的声音必须继承炼字炼句的传统，要有扎实的语言功力。

一、加强对象感，时刻意识到受众的存在，是和受众面对面的交流，而不是自说自话

央视《战疫情》特别报道有这样一个画面：央视记者"带你"走进医院门口的时候说："大家看我身后的这道门，这就是通往危险区的那道门，我们进不去了，只能通过镜头往里看，将来痊愈的病人就从这个门走出来。请大家记住这道门，过几天我们将在这里迎接痊愈的患者。"看到这里，你的心里会涌上一股暖流，他的语言里没有铿锵誓言，没有空洞辞藻，却用朴素的语言和观众直接交流，观众会感到他和自己很近很近，几句话就暖了你的心。

二、现场报道的语言应该是人格化传播的语言

这种语言是朴素的，是紧密贴近群众的，是老百姓喜闻乐见、贴心的口头语言，而不是晦涩难懂、卖弄知识、表现自己的语言。

在抗击疫情的现场报道中，央视记者去火神山和雷神山医院建设工地采访，正是中午吃饭时。记者看到建筑工人躺在草地里睡着了，他动情地小声说："背朝黄土面朝天，就那样睡着了，就那样睡着了。"没有华丽的辞藻，就这么简单朴素的重复，"就那样睡着了，就那样睡着了"声音又低又沉，生怕吵醒熟睡的工人，话语不多，却让听的人落泪。他是用心在说，用情在说，说的是受众看到这个场景也要说的话，也会小声地提醒别人不要打扰睡着了的工人，他说的话和受众产生了共鸣。

传承中国文化是播音员、主持人的职业担当。中国文化博大精深，播音员、主持人、现场报道记者讲的每一句话，每一个意思，都应该体现出一种职业的责任。传承祖国语言文化，锤炼语言功底，提高口语能力是这个职业自始至终的追求。播音员、主持人应该成为正确使用国家通用语言文字的典范，不是吗？许多广播电视的听众、观众都是通过听广播看电视，跟着播音员、主持人学习说普通话，播音员、主持人、记者的语言在某种程度上起着示范和熏陶的作用，影响着民众的语言素质。但当打开电视看记者采访的时候，常常会看到记者问题问不到点儿上，由于词汇量不够，思维不连贯，一个意思断断续续说不清楚，说不下去的时候就会用"嗯呀""这个，这个""那个，那个"过渡，令人着急的是这种现象绝不是个别的，好像成了一种"流行病"。除了"这个""那个""那么呢"之外，还流行着"然后呢"，我们信手摘几句某市级电视台记者采访时说的话：

"祝取得（一个）更大的成绩。"

"普通人都很难完成这样（一个）马路穿行的动作，如果是一个孩子，他很难完成（一个）必经之路。"

"导致了（一个）死亡""达到（一个）顶峰""在（一个）传统文化的背景下""介绍首日（一个）旅客的情况""比往年有了（一个）显著的增加"，太多了！举不胜举。

之所以说它是一种"流行病"，是因为不只是现在在电台电视台的部分记者、主持人中流行，在我们学播音主持的大学生中，也已经习惯了这种表达，说话吞吞吐吐，一句话说不完整，"然后呢，然后呢……"没完没了！

既然是病，就要引起重视，不要讳疾忌医，适应新时代的要求，有些主流媒体取消了专门的播音机构，将播音员混编到编辑部里，今天你当编辑，明天你去播音。不错，新时代需要全能型人才，既能采访、写稿、编辑又能播音主持，但是值得注意的一点是出声露脸的单位，声音和形象是门面，有了病就更要及时治疗，就怕疾病缠身还自我感觉良好。

把话说好，说得条理清楚，悦耳动听，说得入耳入心，余音绕梁，要努力做到：

首先要努力学习文化，多读书，不断提升自己的气质。腹有诗书气自华嘛！中央广播电视总台的主持人董卿主持过的《朗读者》和《中国诗词大会》等节目，受到观众的一致好评，人们称赞她是有文化、有内涵、有气质的优秀主持人，这正是她多读书、注重文化修养、有内在气质的表现。说到这儿，我们又想起了被称为播音界"活字典"的夏青老师，这一称谓的获得离不开他长年累月的学习和积累，当年，年轻的播音员有任何问题都会去找老耿（夏青老师原名耿绍光）。

其次要训练思维重实践。逻辑思维是一种能力，这种能力是需要锻炼的，生活中有许许多多锻炼的机会，比如开会讨论问题，有的人只带两只耳朵不带脑，有的人甚至耳朵都不带；带脑子的人会想，今天讨论的主题是什么？我的中心观点是什么？我怎么才能把我的意思说清楚？打好腹稿再说。久而久之，这种人谈话就会条理清楚，甚至形成自己谈话的风格，建立起自己的思维模式和习惯。切记：不要还没想好就说，宁可慢半拍，也不要急匆匆。所有的即兴表达都是有准备的，只不过是准备时间长短不一样，准备的繁简不同罢了。

记者在采访时说无厘头的话，除了知识匮乏、思维不畅的原因之外，很大程度上是因为准备不够，仓促上阵，采访时没带脑子，状态不对。现在现场报道大部分都是直播，无论是出镜记者还是广播记者，说出去的话，泼出去的水，覆水难收啊！

出镜记者和广播连线记者在采访的时候，连线报道的时候，都应该保持一个适当的紧张状态。注意适当的紧张也就是精神要高度集中，过度紧张会影响思维，甚至说话都发抖，想好说的内容了，还有可能丢三落四，语不成句；过度的松懈，有可能表现得油滑懈怠，不甚庄重。

三、现场报道的记者不但要讲究语言，也要注重声音形象，塑造声音要刻苦

声音是可以产生形象的，声音是人的另一张脸，是人的一张名片，声音的好坏优劣给人不同的感受。受众看电视听广播，除了获得准确的信息外还要得到美的享受，看到美丽的画面，漂亮帅气的主持人也是一种享受！在广播里听到浑厚甜美的声音，他可以展开想象，想象你的美，想象你的帅。声音是一个人总体形象不可分割的组成部分。然而我们的工作有时候却不能令受众十分满意（包括电视片的配音），有的声音尖得冲上天，有的含混不清，像是隔着一层薄雾在说话，有的唇舌无力，吐字归音不到位……

作为一个合格的国家级和省级电台、电视台播音员、主持人，普通话一定要达到一级甲等。对播音员、主持人的声音条件的基本要求是：朴实自然、圆润饱满、不干、不涩、不散，吐字清晰，刚柔相济。

进入融媒体时代，一些幕后采访的记者也走上了前台，出镜出声。这样，电台、电视台的整体语音面貌就出现了一些问题，受众美的享受打了折扣。无论你是谁，你来自哪里，记者、编辑、播音员，只要站上了这方舞台，就为舞台的美承担一份责任，尽一份力！

声音是可以塑造的，尤其是吐字归音方面的缺点是可以改变的，这方面需要方法和指导，需要毅力和决心。只要功夫深，铁杵磨成针！

第三节　现场报道中的直播连线

直播连线报道实际上是现场报道的记者把看到的、采访到的现场情况，通过与主播连线的形式呈现在媒体平台上，连线是现场记者报道的主要手段之一。

电话连线是广播节目的撒手锏，因为节目编排相对灵活，电话连线可以按需随时接入直播间，这种以纯声音为载体的传播，一部普通电话即可完成。即使新闻现场在大洋上，一部卫星电话也可完成。

现在随着广电技术的成熟发展，5G、移动卫星、光缆等技术手段已使得连线更加便捷。我们常看到电视新闻连线就是由记者一个人手持自拍杆或云台完成的。特别是在重大新闻事件发生时，直播连线将电视声画结合的优势发挥得淋漓尽致，让受众第一时间接近新闻现场，了解事实真相，感受现场氛围。

"观众朋友（听众朋友），我现在的位置是……"当说出连线的第一句话时，应该是信心十足，很有底气的。因为你有丰富的内容做支撑，要把看到的、听到的、采访到的内容加上自己的分析判断，在此向受众进行报道。开好头儿很重要，一张嘴就要让受众感受到你的自信、你的成熟、你的真诚！

一次现场报道是否成功，首先要看内容是不是言之有物，看说的内容是不是受众最想知道的、最关心的；其次要看是不是言之有情，看语言是否和现场氛围、受众的感受能够情感共振、心心相印。

连线之前要把内容梳理好，熟记于心但不能死记硬背或者是读自己提前写好的稿子（少数情况下会让你有时间提前写稿子或提纲），更不能让准备好的稿子绊住了手脚，边想边说更有现场感、真实感。

说的内容既要层次分明、条理清楚，也要注重细节，避免只讲大道理，给人以说教的感觉，适当的时候穿插一两个实际小例子会给你的连线增添声色。

2020 年抗击新冠肺炎疫情的报道中，2 月 11 日中央广播电视总台央视《东方时空》节目中连线了在武汉某医院采访的记者张鹏军。连线中，记者的观察非常到位，通过在病房看到的三种颜色概括自己的所见所闻所想，条理清晰，有温度、有深度，很好地表达了采访中对新闻事件的思考。

来源于央视网，扫码可观看
张鹏军连线视频

无论是广播连线还是电视连线，连线之前都要和制片人或导播进行充分沟通，告知自己准备谈什么内容，如果时长太长、内容太多，可以把谈的内容分成几个层次，每个层次中间可以请主播插话或提问，使内容层次分明，便于受众理解和记忆。

其次记者在连线的时候要调动好自己的情绪，把握好"度"。情绪是现场感的表现之一，记者在现场采访的时候，无论是悲伤的现场还是喜庆的现场，你就在其中，现场带给你的喜怒哀乐在连线的时候受众会通过你的语言感受到。

记者在连线的时候，要有充分的克服困难、随机应变的思想准备，因为现场不确定因素太多。2019 年的一天，作者吴楠参与了一次火炬传递活动的直播连线，当天台风过境，新闻现场下起大雨，因第一次在恶劣天气下做报道，受到了大风大雨的干扰。为了完成直播，虽然及时调整了心态、情绪，但很遗憾，依然表现出了紧张感。我们在直播报道中可能遇到信号中断、情况突变等情况，这些在直播前都是要做足预案，在遇到突发情况时，以不变应万变。

如果记者在连线的时候现场采访专家或知情人等，就要熟练运用采访的技能和技巧了。比如，首先要与被采访人沟通，最好先告知他采访的目的，要向他提哪些问题，消除被采访人的紧张情绪。采访的时候既要真听、真想、真问、真交流，又要"分出一根神经"，关注导播的指令，把控采访的时间，注意声音效果……我们把这些统称为驾驭节目的能力，这种能力是要通过学习、实践来提高的，每连线一次就要进行一次认真的总结。

最后我们再来说一说新媒体直播，近年来，小屏直播已经成了越来越多人获取信息的方式，像央视频、抖音、公众号等平台或 App，几乎每天都会有直播，在疫情防控发布会、冬奥会、东航失联客机搜救等为代表的直播内容遍地开花，受众不但可以第一时间收看或随时回看，更可以和主播实时进行互动讨论，让观众参与其中。不再像从前那样单向传播。这也对主播或出镜记者来说也提出了更高的要求。

新媒体直播通常以主播为第一视角，带领受众了解新闻或活动的实况。主播应该提前设置好主题主线，确定好直播内容、时间和地点，主播本人要具有"把关人"的意识，直播中把握好导向，提前找出符合受众偏好的亮点，也要努力把事件以"讲故事"的方式传播出去。在和嘉宾交谈的时候，主播提的问题如嘉宾没有理解或嘉宾回答偏离方向的话，要及时补充相应的话语进行提示转折，不能任其一直说下去，适时把话题拉回主线。直播时同样也会有很多不确定性，所以直播前，要做足充分的策划和预案。整个直播过程中，情绪要饱满，始终要有新鲜感、现场感。

技术方面，直播时要注意话筒的使用，比如，提问时话筒及时递给嘉宾。要注意提前测试直播的信号是否稳定，使用专用手机提前充值流量，以免导致直播中断。

如果有多平台传播任务，要提前设计留出空间，达到一次直播多次分发，多渠道传播。

直播连线报道作为信息发布的形式之一，记者作为新闻发布者，要主动适应融媒体发展的新形势，不断增强专业意识、创新意识，提升节目质量。

融媒体时代下，无论技术和报道形式如何变革发展，记者要始终坚持新闻专业主义和内容为王的理念。要着力加强个人的新闻素养，不断提升"脚力、脑力、眼力、笔力"。在做连线报道时要脚踏实地，深入一线，勤跑勤问，准确了解新闻事件的最新进展。在碎片化信息铺天盖地的时代，要快速做出反应，提升自己的信息整合能力，随时捕捉新闻，提高新闻发布的速度，争取独家性。尽管获取独家新闻的难度在加大，但独家新闻永远存在，也应该在连线报道中追求。平时，要提高新闻触感的敏锐性，积极参加各种社会活动，多方面接触群众，发现新闻、挖掘新闻。

一次视角新、立意高、影响深的现场连线报道，不仅带给受众信息，揭示新闻事件的背景与意义，还会引发反响。融媒体时代让连线报道有了更多的传播平台，很多时候，传统媒体播出后，新闻素材也会被二次加工进行小屏传播，形成爆款。

第四节 现场报道中的团队合作

　　一个记者采访时，要有全媒体意识。那么，作为一支团队，在完成一次现场报道，甚至一次几个小时乃至多日、连续的专题节目时，应该怎么办？其中，一名主持人怎样适应并驾驭住应急广播、现场报道以及多变的突发情况呢？我们来看 2018 年 7 月 7 日浙江长兴传媒集团播出的午间特别直播报道《强降雨来袭》。

　　2018 年 7 月 6 日晚上 6 点钟左右，受强回波影响，浙江长兴县煤山镇出现短时大暴雨，长兴县煤山镇新源村下沙花园门口路段及其他部分地区积水严重。7 日 13 时，长兴传媒集团开启了午间特别直播报道《强降雨来袭》。

　　这次《强降雨来袭》特别直播报道持续了几个小时。从这几个小时的报道里，我们认为有以下几个特点值得总结并发扬。

　　一、内容丰富，紧紧抓住雨情这条主线，及时通报降雨情况。6 日 8 点到 7 日 8 点，全县降雨量为 32.5 毫米，最大降雨量在新民村，是 159.9 毫米，图影降雨量最小也有 8.7 毫米。县气象台 7 日 8 点 20 分解除了雷电橙色预警信号。在报道中间穿插介绍了暖心提示，例如："遇到山洪时要记住以下几点：1. 当感觉降雨太大，有可能受到洪水威胁时，应该有组织地提前向山顶或高地、高处转移；2. 在山区突然遭遇山洪袭击时，要沉着冷静，以最快的速度撤离。脱离现场时，应该选择就近安全的路线沿山坡横向跑开，千万不要顺山坡往下或沿山谷出口往下游跑；3. 山洪流速急、涨得快，不要轻易游水转移，以防止被山洪冲走，还要注意防止山体滑坡、滚石、泥石流的伤害；4.被围困于基础较牢固的高岗、台地或坚固的住宅楼房时，应耐心驻守，等待救援，或等待陡涨陡落的洪水消退；5.如措手不及被洪水围困于低洼处的溪岸、土坎或木结构的住房里，情况危急时可利用通信工具向当地政府和防汛部门报告受困情况，寻求救援；无通信条件的，可来回挥动颜色鲜艳的衣物以呼救，让救援人员更容易发现。在条件允许的情况下也可利用船只、木排、门板、木床等漂流物在水中转移；6.当发现高压线铁塔歪斜、电线低垂或者折断时，要远离避险，不可触摸或接近，防止触电。"

二、实现媒体融合报道，以电视为主，广播、新媒体、报纸等平台联动刊播。记者多次与本县广播电台连线，多方位向居民及时通报情况。"从今天早晨9点开始，长兴广播开通特别节目，针对强降雨救援情况，我们将连线直播……""刚刚我们从湖州高速交警支队了解到，各条高速正常通行，请大家放心行驶。""长兴城乡公交朱队长说：水口城乡公交正常发车，目前有一条班线受到影响，这条班线是从长兴中心广场到水口江排村班线，终点站变更为汪家桥，请大家注意，目前其他公交线路没有变化。"

除了电视、电台记者参与报道，我们还看到群众（全媒体报道员）拿着手机进行报道："村长，他们都出来了，还有民兵组织的领导都出来了，他们在排查安全隐患，现在正在清理道路。"不管他们是电台、电视台派出的记者，还是群众自发的参与报道，他们的语言简短、朴实、真切，做到了重大事件人人参与。

全媒体时代需要全媒体记者，更需要全媒体记者团。

团队合作意识是如何在《强降雨来袭》的报道中体现出来的？如何分工协作？如何利用多样化的媒介渠道传播形式多元的信息，形成及时、完整的报道链？

　　这次大型直播报道《强降雨来袭》已经过去几年了，但那些生动的画面，一些朴实生动的语言还时时浮现在脑海。今天回过头来再看这次特别节目，在为全媒体记者团们点赞的同时，有些问题也是值得深思的：在应急广播、大事件发生时的全媒体报道中，新闻主播的语言样态是怎样的？有采访时怎样？没采访时又如何？这对主持人的素养提出了哪些新要求？

　　当时主管这次大型直播报道的长兴传媒集团融媒体中心采访部周勇告诉我们，新闻主播在新闻播报中发挥着不可忽视的作用。

　　时任电视主持的主持人裴树清谈了她的体会，她说："类似《强降雨来袭》这样的大型直播报道，主持人需要做超大量的案头工作，因为是直播，这些工作在这个季节到来之前就要提前准备好，而不是事前临时准备，那样就来不及，像前面提到的防汛知识，仓促上阵只能是手忙脚乱。在这些准备中，当然要根据全媒体的特点，做适应全媒体各平台要求的准备，从而自如应对。比如，我们在做抗击台风大型直播报道的时候也是一样，有关台风的一系列内容，都必须全方位涉及，做最充足的案头准备，并熟练掌握，特别要注意适应全媒体各刊播平台的需要。"

第五节 现场报道中的融媒体意识

如今，随着媒体融合的深入和广播电视技术的发展，我们在各媒体平台上看到的节目，形态和内容都更加多元和丰富，融合式直播、特别节目已成为一种常态，而现场报道在每一档新闻节目中几乎都会出现，从这些报道中，我们也看到了很多新技术、新手段、新想法的应用。

全媒体融合式直播，集合了广播、电视、新媒体等媒介平台，各渠道的精兵强将形成合力，将节目呈现出交互性传播、台网互动，受众可以随时随地收听、收看节目，传播范围更广，互动性更强。以总台 2022 年新闻频道播出的冬奥会特别节目《冬奥一点通》为例，新闻频道联手央广、国广和央视新闻新媒体，带领全国的观众看运动之美、讲冬奥故事。在这一专题节目中，除了记者在三大赛区赛场内的现场报道，总台央广和国广记者还在冬奥主媒体中心设置的外景演播室做专业的观察报道，央视新闻新媒体记者的在新媒体演播室梳理网友的观点和网友视频互动，以更多元的视角带领观众观看冬奥，用简约有趣的特别内容记录赛场内外的精彩故事，一批视角新、方式巧的冬奥报道，为观众展示了冰雪赛事和双奥之城的独特魅力。

来源于央视网，扫码可观看
《冬奥一点通》节目视频

我们再来看看 2020 年广播春节特别节目

《中国声音中国年》节目，除夕当天的节目在央广8套频率、央广网、云听App等平台直播，各频率的微信公众号都可以参与互动。在主持人设置上，采用了央广、央视和国广的主持人联袂主持，电视主持人走出荧屏，体现出融合的新气象。节目每一小时都设置了听众参与互动的"喊红包"环节，用户参与数连年增长，增加了广播与受众的黏性。直播中，还与央视新闻频道《一年又一年》节目互通互联，此时广播主持人又走进荧屏，广播与电视两个直播间的主持人及嘉宾跨屏幕与电波进行实时对话。

跨屏多方对话，让同一主题的多个新闻现场汇合。我们经常在央视节目中看到主播与多个现场的记者或多位嘉宾进行同时连线，记者和嘉宾和演播室主持人间可以对话交流，使内容更加专业化、有深度。当然多方连线对演播室主持人和现场报道的记者也提出了更高的要求。

让空间交互实现互融的还有虚拟技术，除了演播室内开始大量运用成熟的虚拟前景技术，现场报道中我们也看到了这一技术的使用，记者在直播时，将虚拟的场景和数字等信息画面，增强了空间感和立体感。也让新闻现场更直观、信息更全面。

在大数据时代，传统媒体的新闻记者编辑已不需要像从前那样，从PC端一条一条找新闻，只需要一个新闻采集平台，提前设置好新闻抓取策略就可以一键智能化完成新闻摘取，大幅缩减了信息整个时间，既全面又高效，还能保证新闻实效性、权威性。在新媒体领域我们更是看到了机器人编发地震消息的实践，这些新技术都助推了新闻生产的效率。

近些年，AI合成主播在广播电视节目中被广泛应用推广。AI主播不受时间、地域等限制，输入文字随时可以智能生成音视频。我们常见的AI合成主播由微软小冰、科大讯飞等提供技术支持。像北京音乐广播每周二的半点资讯，新华社的一些网络节目等节目就使用了 AI 合成主播进行播报。2020 年两会开始前，新华社还启用了全球首位人工智能驱动的 3D 版 AI 合成主播"新小微"，随着 3D 虚拟场景不断拓展，"新小微"将走出演播室，在不同场景中更好地满足新闻呈现的多样化需求。同时，虚拟主播还可以作为主播的小工具在不同场景下运用。很多电台的天气、资讯类节目，传统播报可以用人工智能替代，节省劳力。

在这个人人都是发布者的时代，记者第一时间采写已经跟不上新闻发生的速度，只有第一时间发布，即时滚动播报，才能满足受众获取新闻的需求。2013 年浙江长兴传媒集团就建立了全媒体播报员队伍，我们看到总台播出的国际新闻中也经常能看到报道员的身影，这些热爱新闻的群众经过培训后也可以成为报道员，作为新闻亲历者，这些报道员也在新闻现场，采访后用第一视角来讲述更具现场感，也提高了一定的新闻传播效率，值得推广借鉴。

受众在哪里，宣传报道的触角就要伸向哪里，报道的着力点和落脚点就要放到哪里。2019 年 1 月 25 日，习近平总书记在主持中共中央政治局第十二次集体学习时，提出了"四全媒体"这一新概念。其中"全效媒体"就对传播效果提出了更高的要求，我们要主动适应媒体融合大势，提高用户意识，始终把"受众想知道什么"作为一把标尺，从新闻生产者转变为新闻服务者，通过新颖的表达方式和技术手法，提供贴近用户偏好的新闻产品。

综合练习

本章综合练习分为三个部分：一、口头表达能力练习；二、记者连线报道练习；三、现场报道练习。

第一部分：口头表达能力练习

一、记者型主持人现场报道练习

做好宣传报道的前提是观察，作为一个记者型主持人、出镜记者的基本技能之一就是观察，观察能力是一名记者应该具备的重要素质，要眼观六路、耳听八方，还要善于分析，从你观察到的信息中进行分析、提炼，然后进行有声语言的口头表达。十几年前中央电视台体育频道招聘记者的时候，一项重要的考察就是观察能力。当时把应聘者带到北京体育学院柔道馆看女子柔道队员的训练（不许采访，只观察），有的人从训练馆墙上贴的日程看出了她们的训练强度，有的人从队员的长相看出了队员中的少数民族成员。现在这一批招聘现场考察观察能力的记者正活跃在体育报道的舞台上。

➤ 口头表达能力的训练

现场报道的记者通过在现场的观察、描述、评论，加之现场音响，生动地把真实情况展示给受众。

1.冻土得盖棉被烤暖气

据央视 2020 年 1 月 17 日报道。阿里与藏中电网工程沼泽地基坑建设冬季施工进入最后阶段。请你描述一下施工的恶劣环境。（可自行查阅资料，也可参考央视新闻的报道。）

央视新闻报道内容如下：

冻土都得盖棉被烤暖气
世界海拔最高的输变电工程到底有多难

零下 30 度施工是什么情形？冷到要给冻土盖棉被、烤暖气的那种！

近日，阿里与藏中电网联网工程沼泽地基坑建设冬季施工进入最后阶段。该工程是迄今为止世界海拔最高的输变电工程，将有效解决和改善沿线 38 万农牧民的安全可靠用电问题。

由于线路无法避让，必须在沼泽地区域内立塔，地表形成冻土层以后才能开展施工作业，所以工程采取在冬季施工的方式，从 10 月后才正式开始，其中 120 个固定输电铁塔的沼泽地基坑能否完成直接关系到明年全线的顺利贯通投运。

记者在现场拍摄时，气温已降到零下 30 度，项目总工黄小洪给大坑盖被子、调集电暖气，就为了坑里的土能暖和一点，一会儿好顺利开挖，完成进度要求。

截至发稿，采访视频里的那场暴风雪已经结束，工人们又回到了沼泽地附近的帐篷里。这几天可能还会下雪，大家正抢在下一场大雪来临之前加紧施工，争取在春节前完成工作任务。

阿里与藏中电网联网二程起于日喀则市桑珠孜区，止于阿里地区噶尔县，工程穿越冻土区和无人区、沼泽地，输电线路长 1689 公里，工程总投资 74 亿元，建成后将使日喀则市仲巴、萨嘎、吉隆、聂拉木和阿里地区普兰、改则、措勤等县连接上大电网。

施工环境极其恶劣，道路交通极为艰险，物资和后勤保障运输极为困难，施工环保要求极为严格，你无法想象这个世界上海拔最高的输变电工程到底有多难！

据悉，阿里联网工程总共 3352 基铁塔，6 座变电站。截至 2020 年 1 月 13 日，工程整体进度完成约 29.8%，工程现场同日参建人数最多达到 6212 人。其中，完成铁塔基础开挖 3006 基，完成基础浇筑 2850 基，立塔 564 基；6 座变电站主体建筑均已封顶。

📻 训练提示：

> 不要为了训练而训练，要真实地面对受众讲述，要有真情实感。练习的重点是描述"冷"。

2. 世界首创京张高铁全线铺轨完成

2019 年 6 月 12 日上午，随着铺轨机牵引着最后一组 500 米长钢轨精准落位，京张高铁全线铺轨完成。请你在广播新闻节目中以连线答主播提问的形式给听众介绍一下这条铁路建成有哪些重要的意义。

世界首创！中国这条智能高铁今天轨道贯通

今天（6月12日）上午，京张高铁全线铺轨完成，为今年9月京张高铁联调联试和年底开通奠定重要基础。

京张高铁是我国"八纵八横"京兰通道的重要组成部分，是京津冀协同发展的重要基础工程，也是2022年北京冬奥会重要交通保障设施。

百余年前的京张铁路，打破中国不能自建铁路的断言，今天的京张高铁，开了世界智能铁路之先河。

训练提示：

> 可依据提供的素材，也可自行准备材料，给听众讲述。先在一般新闻节目中说，然后将受众换成小学生再练习一遍，主要训练面对不同的对象，用不同的语气。对象感要强，力求自然生动，最好脱稿讲。

3. 杜富国受伤一年后一次打60针

27岁的扫雷战士杜富国在执行扫雷任务时，一枚加重手榴弹突然爆炸，他浑身是血被抬下了雷场，从此他失去了双眼和双手。为了康复与生活，他做了大大小小无数个手术，先后使用了十几件假肢等辅助工具。由于属于疤痕体质，杜国富身上的疤痕容易增生，每月需要打两次疤痕针，每次4根针管，整整60针，痛到极点，需要几个人来压着他。一年以后他恢复得怎么样呢？请你在新闻节目里连线主播，讲述他一次打 60 针的情况。

训练提示：

说有温度的话。温度从哪里来？来自人格，来自情怀。当你看到他满身伤疤打针的时候，你的心情怎样？有没有被震撼？同情还是感伤、敬佩？把此时的真实感受抓住，这就是你口头表达的原动力。这就是你要表达的温度，敬佩、赞扬中透着由衷的爱。

说有条理的话，说之前打好腹稿。先说什么后说什么，心里要有数，哪些是"电影里的全景"，哪些是"特写"，要有考虑或安排。像写文章一样，凤头豹尾，结尾要收住。如果要说的内容很多，可以提前与主播联系一下，一个层次的内容说完，请他插话（或提问），以便强调，提升你讲的内容的价值或者说是分量。

4. 长春市"煤改气"

请你把《寒潮来袭，各地管理部门发布"升温令"》的报道中的一段话改写一下，然后说给听众听。这段话是：

记者从长春市市政公用局了解到，长春市在 2016 年淘汰居民居住采暖燃煤小锅炉工作中，又对全市部分无法实施并网淘汰的居民居住采暖燃煤小锅炉实施了"煤改气"改造。截至目前，长春市已实施"煤改气"改造的居民居住采暖燃煤小锅炉 19 座，总供热面积达到 50.62 万平方米。

 **训练提示：**

> 广播一听而过，广播稿是为了听而写的。念念看这段内容拗口吗？如果拗口，就把它改写得简洁、明快，便于听，然后说给听众听。

第三章 综合练习

5.《深切悼念新冠肺炎疫情牺牲烈士和逝世同胞》特别节目主持词节选

2020 年 4 月 4 日，中央电视台新闻频道举办了《深切悼念新冠肺炎疫情牺牲烈士和逝世同胞》直播特别节目，欧阳夏丹主持。我们选择其中的一段《我们生命 我们全力以赴》来练习口语表达。

我们尊重生命，缅怀每一个离去；我们尊重生命，全力抢救每一个病人。新中国成立以来，在我国发生的这场传播速度最快、感染范围最广、防控难度最大的新冠肺炎疫情，暴发于湖北武汉。武汉人民承受和牺牲也是最大的，武汉无愧英雄的城市，武汉人民无愧英雄的人民。而英雄的城市背后，是一个伟大的国家，英雄的人民，身边是亿万手足同胞。为了生命，一场抗击疫情的人民战争打响了，无数眼神凝望、无数力量汇集、无数暖流涌动，都朝着同一个方向——武汉。一批批、一对对、一个个，全国各地数万名白衣战士慷慨赴难，投入了这场不能输的战斗。他们是院士，也是战士，繁霜尽是心头血，并不年轻的他们，坚韧不拔、拼尽全力；他们是人民的军医，疫情风暴中心，他们逆向而行，重症监护室里，他们直面病毒、以命搏命，从死神的手里抢过了一个又一个的生命；他来自国家医疗队，他来自外省援鄂团队，他就是武汉的医生，他们在共同战斗。他们被防护服从头罩到了脚，看不清是少是壮，是女是男，偶尔在露出面目的时候，脸上的压痕是一样的爱的勋章。国之医者，民之福也。他们实实在在，是在向死而救生。

来源于央视网，扫码可观看《深切悼念新冠肺炎疫情牺牲烈士和逝世同胞》特别节目视频

训练提示：

　　不管你什么时候练习这段主持词，都要回到当时的情景中，情景再现！重新燃起对英雄的敬佩、对逝者的哀思、对抗击疫情的坚定信念！找回当时全国下半旗，全民默哀的语境。

　　这段主持词是"说"，由衷地说，而不是念。向欧阳夏丹学习，不应仅限于这次直播，她平常播的《新闻联播》就是"说"的意识很强，内容讲得很清楚，没有丝毫拿捏做作（播音腔），就像面对面跟你说话，又不失分寸感。她声音圆润，运用自如，不紧不挤，听着舒服，真是一位优秀的主持人。

6.《南京大屠杀死难者国家公祭日特别报道》

2014 年 12 月 13 日，我国为了警示世人勿忘历史，面向未来，于 2014 年 12 月 13 日在侵华日军南京大屠杀遇难同胞纪念馆举行了国家公祭仪式，央视《新闻直播间》直播报道了公祭仪式的实况，我们选择其中的两部分解说词作为业务练习。（解说词根据录音整理）

各位观众，首先要抱歉的是，我今天没有办法像以往每次节目开始的时候一样，问大家好，因为我知道今天我们的心情都很沉重、很复杂。今天是 2014 年 12 月 13 日，一样的日升月落，一样的时间流淌，但是我们都知道，今天绝不是一个普普通通的日子。今天是南京大屠杀 77 周年的纪念日，也是我们国家的第一个南京大屠杀死难者国家公祭日。

今天上午，党和国家领导人将出席在侵华日军南京大屠杀遇难同胞纪念馆举行的国家公祭仪式。

77 年前那个冬天的彻骨寒冷，留下的不只是一座城市之殇。更是一个国家，一个民族之殇。而这道伤口，直到今天未能痊愈，至今仍痛彻心扉。所以今天，当我们将以国家的高度，以民族的名义、以法定的形式公祭这些死难同胞的时候，我们要表明的，正是中国人民反对侵略战争、尊卫人类尊严、维护世界和平的坚定的立场。我们要表明的正是我们要让这样的伤、这样的痛，永远不要再留下。1937 年的 12 月到 1938 年的 1 月，毫无疑问这是南京历史上最黑暗的一段日

来源于央视网，扫码可观看
《南京大屠杀死难者国家公
祭日特别报道》视频

第三章　综合练习

子。日本侵略军在南京对我们的同胞实施了灭绝人性的大屠杀，30万生灵惨遭涂炭。浩浩长江，滚动着的是鲜红的血浪。这也是人类文明史上骇人听闻的暴行。今天，当我们要以国家公祭的形式来告慰那些遇难同胞的时候，我们怀着沉痛的心情，一起回到77年前的南京，回到那个冷得彻骨的冬天，去触摸那一段让我们痛得彻骨的历史。

观众朋友，现在就让我们一起走进南京这座始建于公元前472年的文明古城。到今天，南京已经有2400多年的历史了。而在这漫长的历史记忆中，最沉重的一段是在1937年，最沉痛的一刻就是在1937年的今天，12月13日。

古老的城墙，新起的文楼，在这样一种历史的和现代的对望当中我们仿佛回到了那一年的那一天。我们仿佛目睹着南京城屠杀开始。那场浩劫留给南京的是无法抹平的伤痛，留给中华民族的是从未褪色的国耻。但是制造了那场浩劫的日本右翼势力至今仍然没有正视史实，承认暴行。南京的这道伤口又怎么可能愈合呢？

明年我们将迎来世界反法西斯战争胜利70周年，而今天我们将以国家公祭的形式警示世人勿忘历史，面向未来。

现在我们看到的就是今天公祭仪式的举办地——侵华日军南京大屠杀遇难同胞纪念馆。我想请大家特别注意一下这个展馆。当我们俯瞰它的时候，它的外形像不像一座船头？它整体设计的就是一座和平之舟。而矗立在面前的这座雕塑叫作《家破人亡》。这是一个被日军强暴的母亲，她抱着死去的孩子仰望苍天。国弱民必受辱，国破家必人亡。这是用铜凝固的历史，这是用血凝聚的教训。如果我们从空中继续俯瞰这座纪念馆，我们可以看到这里又是一个铸剑为犁的地点，我们希望这个世界少一点杀戮，多一些和平、安宁。

人们伫立在这里，我们今天将以一种国家公祭的仪式去祭奠同胞。现在镜头缓缓推过，这是纪念馆的主雕塑叫作《冤魂的呐喊》。一座山被刀劈开，而三天的三角棱状的尖端像一只伸向天空的手一样，它预示着死难者的反抗、挣扎与呐喊。

这个十字形的标志碑。请大家一定记住这个时间，它刻录的是从1937年12月13日开始，惨绝人寰的大屠杀在南京整整持续了6周的时间，那是人类文明史上最为黑暗的一段时间，南京这座古城就这样遭受了灭顶的灾难。

残破的城墙，染血的军刀和超过30万的死难者，每一个死难者是否就是这样一颗永不瞑目的头。您是否听到了他们圆睁着双眼，张开嘴巴，在遇难之前含恨的呼喊。

今天有一万多名群众在现场参加公祭仪式，包括抗战的老战士，大屠杀的幸存者，还有一些死难者的遗属，还有部分外国使节。

请大家特别注意在我们的画面左下角的这位老人，这是南京大屠杀的幸存者夏书琴老人。而国家公祭鼎稍后将会在公祭仪式的现场揭幕，这也是在国家公祭仪式的现场第一次设置公祭鼎，而铸鼎铭文在中华民族的传统当中要表达的就是以国之名义祭祀，世代相传。

77年前的那段历史离我们并不遥远，我们将以国家的高度，以民族的名义，认法定的形式向全世界表达我们反对侵略战争，捍卫人类尊严，维护世界和平的坚定立场。

77年的时间已经过去了，那段历史真的并没有远去。在中国人的记忆当中从来没有远去。而今天我们将把它凝固成民族集体的记忆，凝固成人类共同的记忆。

训练提示：

> 把握好基调，控制好情绪。要严肃庄严，实！不能用虚声；
> 说！而不是诵读。特别要注意介绍几个雕塑时要形象立体，
> 雕塑是死的，情是活的！节奏不宜快，要把受众带进现场气
> 氛中去。

7. 只为不给旅客"添堵"——动车吸污工老杨忙春运

2019年1月25日，打开微信，在央广网看到了《新春走基层：动车吸污工老杨忙春运：只为不给旅客"添堵"》，立刻被这篇报道吸引，不由得为他点赞。一赞记者的心！当记者用心体验的时候才能真正发现普通百姓身上的美！当记者与百姓心贴心的时候才能真正感受到普通百姓的心跳；二赞记者的情！当记者摆正位置与被采访者真情交流的时候才能得到真情实感，感同身受！当记者面对现场的一切能用情趣感悟的时候才既能发现五彩斑斓的世界，也能看到"角落里的光辉"。

用传统的思维方式考虑，那一定是记者写好了稿子，由播音员来播。对于播音员来说，这里面就有一个转化的过程，先要理解作者写作的意图、目的，把稿件吃透，在理解的基础上，把它转化成有声语言传播出去！如今主流媒体的记者要出镜，要进行口头报道、现场报道；主持人、主播要出去采访，要做记者的工作。传统的分工已经被打破，走采编播合一的路正是新时代对播音员、主持人的要求，这也是今后的大趋势！

训练提示：

　　铁路上有这样一群人，每天与列车上的厕所粪便打交道，清理火车集便器，他们不怕脏不怕累，为春节期间旅客出行带来了实实在在的方便和整洁。

　　下午两点，一辆真空吸污车将开进动车整备车间，请你去现场为听众做现场报道。

【新春走基层】动车吸污工老杨忙春运：只为不给旅客"添堵"

　　提起掏粪工，多数人脑海中总会浮现这样一幅画面：散发着气味的淘粪车，伴着吆喝声游走在街巷内，令人躲闪不及。可与 20 世纪八九十年代不同，如今的现代城市里很难觅到这一场景了。不过，在铁路上仍有这样一群人，每天与列车上的厕所粪便打交道，清理火车集便器。工作鲜为人知，更谈不上体面，却为春运期间的旅客出行，带来实实在在的方便和整洁。

　　今年 45 岁的北京动车段南所一级吸污工杨克非，便是其中一位。

　　24 日下午 2 点，一辆真空吸污车发出轻柔的轰鸣声，开进动车整备车间，老杨一天的吸污工作开始了。放电 10 分钟后，他拧开车厢的排污口，一阵异味"喷薄而出"，老杨没有躲闪，眉头也不皱一下，"嗨，干的时间久了，嗅觉疲劳了。"在一股强劲吸力的作用下，他手里的吸污管抖动起来，随之动车厕所内废弃的纸巾、粪便、塑料袋……各种杂物一股脑地被吸进了地下真空排污系统管道内。

　　来到北京动车段基地，记者走进一间巨大的动车检修车间，车间内高置的铁轨上，分列停放着七八组各长 16 节的高铁动车组。老杨说，春运期间，一列动车在高铁上跑一个来回后，都要进基地进行例行检修和保洁，才能再次使用。其中，做污水箱吸污工作的就是通常所讲的高铁"掏粪工"。

动车吸污，是动车组进入整备车间检修的第一道程序，检修前，吸污工要将厕所污物吸到吸污车上，再送入污水处理厂，确保车身干净。老杨一边为"大腹便便"的动车进行"清肠"，一边和记者聊了起来。"动车的污水污物不是靠人工打开便池进去掏，而是靠吸污管利用真空负压，将污水污物吸入地下排污管道。"

说话间，只见老杨不断拿起吸污管与车厢上的污物箱排污管对接、卡牢，打开阀门，启动真空泵……动作干脆利落，老杨吸一个污物箱要花2分钟，一列16节的动车总共有15个污物箱，也就是说，吸完一列动车的全部污物大概需要半小时。春运期间，旅客数量骤增，列车集便箱内的污物也大量增多，老杨的工作量也增加了几倍，有时一直要工作到凌晨4点多。

"商务座和一等座旅客比较少，产生的污物不多，清理时间会很短"，但有时，会有个别乘客把方便面残留物、卫生巾、毛巾、饮料瓶盖等扔到车厢马桶里，这些异物极易导致污物箱堵塞。有时，老杨必须用手伸进污物箱排污口，将这些异物抠出来。清理完所有的集便器后，粪便将通过管道进入真空卸污系统进行处理。

为了不影响列车正点运行，老杨几乎是每清理完一个污物箱，便扛着吸污管急匆匆地奔向下一个。记者也想体验一把，拿起地上的吸污管跃跃欲试，却被老杨拦住了。他告诉记者，在吸污作业前，要先检查一下吸污管负压工作是否正常，轻轻打开吸污管的阀门，耳边就听到"嗤嗤"的气体发出的声音，"这是负压管工作吸气的声音。"大约持续七八分钟后，动车污水箱彻底清理干净，排污口旁的绿色指示灯也亮了。

老杨讲道:"动车上的所有环节都是全电脑操控,如果红灯亮着就表明还没有清理干净。"

1.5 米高的站台,1.2 米高的排污口,列车与站台间的缝隙不到50 厘米。在这里,常年累月下来老杨有些驼背,只能半举半扛着几米长的吸污管,弓着身子作业。但在这样的环境中工作,虽说早已驾轻就熟,但也并不是每次吸污都能顺利完成。

"向前,再向前一些……"走到 ZE213200 型号列车第三个污物口时,为了让吸污口紧密对接,老杨紧紧贴向排污的列车,突然,吸污管猛烈抖动,喷头处"噗"地一声喷出一股污水,怀抱吸污管的老杨猛地被溅了一身。顾不上清理,他赶忙调整插头位置,让气泵重新开始工作。

由于污物箱内是真空的,吸泵时加以压力,污物喷溅是常有的事。如果在炎热的夏季,老杨每趟作业下来,身上的汗水都与污水、粪便混合在了一起。据他回忆,2014 年夏天,他正和同事对一列动车进行吸污,当吸到第五个污物箱时,发现才吸了几十秒钟,就感觉吸污管没有了吸力。时间所剩无几,老杨来不及多考虑,直接将手伸进了中转箱当中,"感觉到污物箱内是一块毛巾,可毛巾被大量的粪便压住,很难拉出来。"他费了九牛二虎之力试了几次,才抓住毛巾的一个小角。

把毛巾拉出来的一瞬间,飞溅出来的污物沾了他一身,脸上、胳膊上到处都是。在外人看来,这画面有些"不堪",但老杨却总是轻描淡写:"每一个工种都需要有人干,干干就习惯了。"

动车吸污全年无休,春运期间更是最忙碌的时候。即使是春节,老杨也是开着手机,24 小时待命。老杨是地道的北京人,1994 年毕业后便进入了铁路系统,自 2013 年从乘务员转岗至北京动车段南所以来,至今已参与过 20 余次春运。虽说家就在北京,但每一个除夕,几乎没有怎么在家稳妥地过个年，往往是媳妇在家给他做了几道好菜，吃完就上工了。跨年时分，热闹的鞭炮声传到动车所时，他却正忙得不可开交。只有在等待吸污管启动的一两分钟内，他才有时间回复手机里亲朋好友的春节问候。

"家里还有75岁的老母亲，我常年过春节不在家，总说想让我陪陪她。"说到这儿，老杨停下来，半天没说话，过了好一会儿对记者说了句，"明年过年老母亲生日，一定留在家给她祝个寿。"

老杨说，春运期间，夜里比白天更忙，吸污工们一个晚上要为几十组动车清污，平均一组动车要清出近10万立方米的污物。下午5点，夜幕降临，待检修的动车组陆续进站，老杨又迎来了他一天中最忙的时候。

训练提示：

现场报道和口头报道还是有区别的，现场报道，你一定要在现场，口头报道则不一定在现场，有可能你已经离开了现场，才把你刚才看到的，采访到的事情口头报道出去。

无论是现场报道还是口头报道，无论是记者还是主持人都要坚持说而不是念，要说得形象、生动，有现场感，切记不是念稿。

值得注意的是，有的记者在现场报道或口头报道的时候虽然没有播音腔，但是却有浓重"读"的味道，同样不是"说"！"读书腔""播音腔"都应该在"甩掉"之列。

说什么？脱离原稿，试着重新组织语言，说你自己心里想说的话，说感动了你的事，说感动了你心灵的话，说有温度的话。不要照搬全文，只选择能让听众"闻到"味道，感受到劳动场景的几个片段练习即可。语言要形象生动，有动作感，通过你的报道要让听众感到你的赞美之情，拨动听众的心弦，使之由衷地为吸污工点赞。先要自己感动才能使受众感动。可以走进动车整备车间离吸污工近些，再近些，去闻一闻那里的味道，交上一个吸污工好朋友。

另：传统的播音教学中重视"三大件"（新闻、评论和通讯）的教学，建议你把它当作一篇完整的通讯播播看。

8.你飞奔的样子真美

近日，一段北京小区保安心脏骤停，女医生朱灏宇跪地抢救的视频感动了许多网友，请你参考素材描述女医生朱灏宇救人的过程，用你自己的话描述抢救过程，并改编成说新闻节目，说后点评。

小区保安巡逻时突然仰面摔倒，抽搐不止。千钧一发之际，一个身影向他跑来，跪在地上，徒手按压，保安逐渐苏醒……这段视频感动了不少网友。

视频中紧急施救的是朱灏宇医生。她是吉林大学中日联谊医院质量管理部的医生，目前正在协和医学院攻读博士后。

4月3日下午6时，跑步锻炼归来的朱灏宇正在车内整理衣服，突然发现前方有人躺在地上不停地抽搐。意识到情况不对，朱灏宇连忙跑过去，发现倒地的是小区里一位保安。朱灏宇用手托住对方的头和颈部，轻轻将他身体放平，并喊周围的人帮忙拨打急救电话。

"当时他口唇、面部紫绀，很明显是缺氧状态。"此时，这名保安已经失去意识，呼吸、颈动脉搏动也消失了。朱灏宇立即跪在地上为他做胸外按压，并在按压间隙为其清理口腔异物。"把他的口罩摘掉之后，我发现他嘴里有很多血，应该是他抽搐的时候咬了自己的舌头。"

经过持续有效的急救措施，2分钟后对方的手动了一下，呼吸和脉搏也渐渐恢复。"看见他动的那一刻，我真的哭了，我把他从死神手里抢过来了。"

朱灏宇从周围人那里要来一把小刷子，撑开保安的嘴部，以免他再咬伤舌头，并让他保持侧卧，为他服下路人提供的速效救心丸。约10分钟后，救护车赶到，此时这名保安的生命体征已经趋于平稳，朱灏宇又从工作人员那里要来了一个口罩给他戴上，向急救人员告知具体情况后才放心离开。

这场惊险救援被小区的监控视频记录了下来，看到朱灏宇车门也没关，口罩也没顾上戴，仅用5秒钟就跑到了伤者跟前，不少网友为之动容："你飞奔的样子真美，犹如天使从天而降！"

据了解，这名保安已经康复出院，出院后他特意买了鲜花和水果找到朱灏宇道谢。"疫情期间一些基层工作者工作压力较大，长时间佩戴口罩也容易呼吸不畅，建议大家平时注意保持规律作息，适当运动，不要熬夜，久坐后站起来记得慢一点。"朱灏宇叮嘱说。

朱灏宇从医已有6年多了，去年她还曾在飞机上救助过一位晕机的老年人。

说起救人，她说这是一名医务工作者应该做的："作为一名医务工作者，不管遇到什么样的情况，第一时间就是要去救人，能为病人多争取一秒是一秒。"

据悉，阿里巴巴天天正能量联合《北京晚报》，已授予朱灏宇医生"天天正能量特别奖"，并颁发正能量奖金 1 万元。得知自己获奖后，朱灏宇当即决定将奖金捐出。"我就是做了件该做的小事儿，救人不是为了回报，希望这些钱能帮到更需要的人。"

📰 **训练提示：**

①无论是你亲眼看到的，还是后来采访到的。讲述的时候都要像亲眼见到的一样饱含激情。

②如果改编成新闻，就要考虑新闻的五要素了。交代清楚时间、地点、人物、事情经过和结果。

③点评是为了提升新闻价值。你觉得这条新闻的价值在哪里？你要宣传什么？点评不是说教！摆正自己的位置，和朋友交流自己的感想，说自己心中想说的话。

9. 北京新天坛医院试开诊

北京天坛医院新院区门诊开诊，来过的人对这里的感受就是三个字"太大了"。天坛新院区"长"啥样？请你给听众朋友介绍一下。

今天（10月6日），北京天坛医院新院区试开诊，自此，这座建设 5 年、总建筑面积超过 35 万平方米、病床达 1650 张的新院全面启用。

南四环花乡桥东北角，有一座参照大脑神经元结构设计的钢结构大楼，夜晚亮灯，蓝白交织的"神经元"十分醒目，这是天坛医院新院区的标志性建筑——门诊一部（专科门诊楼）。

第三章　综合练习

大楼南侧是四环辅路，宽敞的医院正门供患者出入。门诊一部向北，是包含了 60 多间手术室，以及 ICU 等医院"核心"的主楼，主楼东侧是三座住院部大楼，西侧是门诊二部（综合门诊楼）、急诊楼、医技楼、感染性疾病控制楼等，一条空中走廊连接科研行政楼、国际医疗部以及教学部。

门诊一部大楼里有天坛医院重点学科神经内外科及相关科室，以及口腔、眼科、耳鼻喉科、中医科等科室；其余科室则分布在门诊二部大楼。

新院利用下沉式花园将门诊楼和病房楼隔开，确保病房安静。

训练提示：

> 主要练习口头描述，要有立体感，让听众感到的是一座立体建筑，闭上眼睛可以想象出它的模样。可以找一找在展览馆的沙盘前讲解的感觉，速度不宜太快，适当的地方利用停顿的机会"看看"听众的眼睛，想一想"我说明白了么？"控制好节奏，增强交流感。

第二部分：记者连线报道练习

1. 80 多个小时，生命奇迹！

吃皮带和泥巴，被困矿井 80 多个小时后，他们活了下来

"在井下实在饿得受不了了，有人吃泥巴，有人吃皮带，我吃的就是皮带。"

19 日上午，在四川省宜宾市矿山急救医院，杉木树煤矿透水事故中的获救矿工刘贵华接受记者采访，讲述了在井下被困 80 多个小时中的求生细节。

生存状态：吃皮带和泥巴，躺、坐在传送带上

今年 56 岁，在煤矿工作 36 年的刘贵华说，被困的矿工有 10 名是掘进工、2 名打钻工、1 名瓦斯检查员。14 日当班入井时每人带了一盒盒饭，但第一天盒饭就吃完了。后来两天，井下实在没东西可吃，有人开始吃泥巴和皮带。

"我割了点皮带吃，嚼着吃，再用水冲下去。"刘贵华说，也有人吃泥巴或煤炭，"他们说煤炭不好吃，泥巴还好吃一些，喝的是井下的管子水和顶板上的漏棚水。"

"当时准备下班，刚走到斜坡，看到水下来了，赶紧往上走。"刘贵华说，那是一条独头巷道，后来水位一直上涨，他们一直往高处走，最终走到了最高点开始等待。几天时间里，大家或躺或坐在巷道的传送带上。

幸运的是，水一直没有淹到最高点，水位最高的时候，水线离他们脚下还有七八米远。刘贵华说，几天时间里自己没怎么睡觉，一直观察着水位。"我盯着水要不要上涨，水再上涨，我们就真的活不了了。"

"我一直相信会有人来救我们。"刘贵华说，在井下曾经有人绝望过，但自己因为在煤矿工作了 36 年，对井下巷道也熟悉，相信一定会获救。在井下，大家轮流使用矿灯，一直都有光源。

嘴含水管做潜水实验，最后时刻一人游向救援人员

想回到主巷道，矿工们必须通过一段淹水的区域。53 岁的获救

矿工易光明告诉记者，大家在井下曾嘴含水管做潜水试验，想游过淹水区域。"但后来发现行不通，因为水太深了，太远了。"

直到被困 3 天以后，矿工们终于通过敲击管道联系上了救援人员。刘贵华说："后来听到外面有人敲管子，我们就回了 13 声，都感到很激动，他们敲多少声我们就回多少声。"

18 日凌晨 2 时左右，矿工们在井下已被困 80 多个小时，救援人员也离他们越来越近，听着水泵抽水的声音，即将获救的矿工们更加激动。但此时抽水速度变慢，他们脚下的水位不再下降，甚至缓慢上升。

"我们就想告诉他们，水泵不上水了。"刘贵华说，此时瓦斯检察员用笔在纸上写了"不上水"的信息，装进塑料袋。大家又找到 4 根 8 米长的 PVC 塑料管，用塑料管绑上袋子穿过淹水区，将信息送了过去。

"后来我决定游出去告诉他们机子上（抽）水慢。"刘贵华说，当时的巷道位置他以前经常走，非常熟悉情况，估计距离不远，"我就一口气游出来了，大概有 15 米左右。"

"我们 13 个人都没死的话，出去后建个群"

井下被困几天，独自一人先游出来的刘贵华终于见到了救援人员，那一刻他"非常高兴"。"里头人员怎么样？""还可以，要加快抽水。"简单的对话后，救援人员加快了抽水速度，几分钟后成功将其他矿工救出。

刘贵华说，井下被困区域的温度和空气都适合生存，最开始大家精神面貌较好，后来出现头晕，"直到他们通过压风管送来了氧气和药物，好多了"。

谈及获救时的感受，刘贵华说："知道外面在救我们，快到了的时候，我没有哭，出来以后特别想哭。"他告诉记者，在井下大家想得最多的是保持体力，有人绝望时就相互鼓励。

一起在井下被困 80 多个小时，矿工们也在聊获救后的打算。"我们在井下说，13 个人都没死的话，出去后建个群，常来常往。"刘贵华说。

最后谈及家人，刘贵华情绪激动了起来，他想对一直等待的妻子说："放心，我很好，我在这里（医院）躺着很舒服，没得问题，医院的照顾也特别好。"

12 月 19 日早上 9 时 40 分许，记者获准进入收治 6 名被困矿工的宜宾市矿山急救医院重症监护室，见到正在病床上休息的获救矿工。在身体条件允许的情况下，刘贵华、易光明接受了记者的采访。

主播：今天早晨 8 点杉木树煤矿传来了好消息，在透水事故发生 84 小时后，最后一名被困井下的矿工成功升井。他们被送往宜宾市急救医院，我们的记者 ××× 赶到医院采访，现在我们就连线他。（主播与记者连线，请他介绍采访刘贵华的情况，介绍获救矿工是怎样坚持下来的。）

训练提示：

> 给你连线的时间不会太长。所以要精选采访的内容，用生动具体的事实说话，不要说概念性的、笼统的话。如果被采访人的口齿清楚，能说会道也可以把他请到话筒前。连线时，

记者现场采访提问请他回答。这次主要练习记者的口语表达能力。希望你能讲得自然、生动、感人。

主播要驾驭住节目，连线时要真听真想，必要时可插话交流。连线前最好与前方记者沟通好，了解记者要讲的内容，也要有应变的准备。

2. 记者连线报道：黑龙江漠河市大规模取冰活动

据报道，黑龙江省漠河市250人共同完成了一次大规模取冰活动。取冰主要用油锯和采冰车，搬运靠冰爬犁和人工抬运。当天取出了2500多块冰，每块冰重约200斤。取冰的是漠河市地方防火办森林消防大队。据说取的冰主要是保障漠河市城市旅游用冰。

请主播和记者配合就上面线索进行连线报道。

训练提示：

①新闻的主人是人，是人民群众，是广大劳动者。反映劳动群众的真实生活讲好劳动人民的故事是新闻人的职责。冰天雪地的北方到处都是冰，为什么还要取冰？取冰的工作是怎么进行的？这是受众想知道的，讲好漠河市大规模取冰的故事是有一定新闻价值的。

在新闻节目里采用主播连线前方记者的方式进行现场报

道，是不错的选择，这样可以突出现场感、真实感，把受众带到现场去看一看、听一听，更有利于解读这件事。

②记者是代表媒体去采访的，更是代表受众去采访的，心里要装着受众，为受众答疑解难。例如，取冰是干什么用的，怎样取冰，怎样运输，等等。

③要把故事讲得生动有趣，视频记者就要用画面说话，可以拿一杯热水往高空一抛洒，立刻变成冰雾，这样的景象就比说："冷，真冷，真正冷！"给受众的印象深刻。广播记者就要用声音描绘出现场的色彩，用声音还原特定的场景。这声音包括记者的语言和现场的音响，记者的语言除了短、精、准，还可以多用比喻，增加听众的形象感，展开想象："切割下来的冰块都有统一的规格，码在爬犁上就像一座座白色小平房。"融媒体时代一名记者又要做传统媒体报道，又要做新媒体，这就要求我们（记者，记者型主持人）一定要有融媒思维，要一专多能。

④现场报道连线，主播和记者的配合很重要，事先要做好沟通，配合好。记者说现场情景，只说记者看到的和自己的观点，不说主播已经知道的事情，主播和记者配合共同讲好一个故事。

⑤故事讲得是不是生动，主要看记者的口语表达能力了，这个基本功不能丢，要经常练习，曲不离口。做这个练习，不能到现场实地采访的话，可以网上搜一搜，查阅一些资料，找到有关信息进行练习。

第三部分：现场报道练习

1. 橙色预警，绵阳暴雨

假设你是四川绵阳电视台的新闻节目主持人，正在主持 2018 年 7 月 2 日的新闻节目。

将下面的气象消息改编播出并连线在高速路口和铁路航空三个点的记者，请你们做现场报道。

绵阳市气象台 8 月 16 日 10 时 45 分对 8 月 15 日 16 时 50 分发布的第 34 号暴雨橙色预警信号进行第 6 次确认：预计未来 3 小时，我市涪城、游仙降雨将持续，部分地区降雨量可达 50 毫米以上，并伴有雷电、阵性大风等强对流天气，请注意防范。

8 月 15 日 8 时到 16 日 8 时绵阳市普遍出现了暴雨到大暴雨天气，北川、安州、江油局地特大暴雨。共出现暴雨 52 个站点，大暴雨 216 个站点，特大暴雨 44 个站点。

雨量较大的有（单位：毫米）：

安州：迎新 459、千佛双电 347、睢水 343

北川：通泉村 437、陈家坝金鼓 419、通泉 417、桂溪 356

江油：西屏 354、西屏香水 347、厚坝养马峡 338。

其余各区县雨量较大的有：三台的芦溪 289，平武的牛飞 259，游仙的观太 227，涪城的原青义 221，梓潼的许州 196，盐亭的鹅溪 91。

高 速

8月16日08时48分，G93绵遂高速绵阳段，因三台站往绵阳方向匝道滑坡，三台站入口绵阳方向收费站关闭。因暴雨天气，关闭游仙长明站、绵阳仙海站。

G5京昆高速绵广绵阳段：受大雨天气影响，现厚坝站入口双向封闭、小溪坝站至江油北站入口成都方向封闭。金子山站入口广元方向，因处理交通事故临时关闭。绵阳往广元方向江油市小溪坝收费站至厚坝收费站之间边坡塌方，有大量石块滚落路面，一辆货车受损，无人员受伤，道路中断。现关闭辖区绵阳南、绵阳、绵阳北、科学城、江油、贯山、江油北、小溪坝广元方向共计8个收费站，交警已在新安服务区三线管控（K1633）。请前往广元方向已进入京昆高速绵阳段的驾乘人员从就近的高速收费站下站绕行108国道从厚坝收费站进入高速；从成都、绵阳城区出发的建议绕行广南高速、成巴高速、巴陕高速北上广元出川。

绵遂高速：经开区站绵阳方向匝道滑坡，关闭经开区站绵阳方向入口，禁止该方向车辆驶入高速公路；绵遂向K137+500m道路塌方有裂缝（长75米，最宽处0.4米）。

S32绵西高速因k94+500边坡滑坡，关闭仁和、金孔、黄甸、盐亭北、柏梓、忠孝收费站。请过往车辆减速慢行、观察通过。

多趟列车停运或晚点

记者从绵阳火车站了解到，8月16日凌晨，受持续强降雨影响，宝成铁路沿线雨量超标。为确保列车运行安全，铁路部门迅速启动应急预案，封锁相关区段进行巡查，途经旅客列车将折返或不同程度晚点。

截至目前：K2057、K2631、K1057、K1615、K195、K257、K1363、

K196、K546、K258、K1058、T8，列车均停运或晚点。旅客可提前在 12306 办理退换票业务。同时，绵阳站提醒旅客朋友们随时关注列车时刻变化，具体情况详见站车公告或拨打 12306 铁路客服中心电话咨询。

绵阳机场 10 个航班延误

记者从绵阳机场了解到，截至 9:30，受暴雨影响，绵阳机场目前延误航班有：CZ2059 广州到绵阳、GJ8733 广州到绵阳、9C8771 广州到绵阳、8L9701 昆明到绵阳、HU7242 兰州到绵阳、SC464Z 丽江到绵阳、3U8953 杭州到绵阳、CA1453 北京到绵阳、3U8021 西双版纳到绵阳、MU2853 南京到绵阳；取消的航班有：9C8603 石家庄航班。

此外，绵阳机场运行中心已与各航空公司沟通联系，提前做好航班延误后旅客安置的各项准备工作，最大限度满足旅客需求。如需查询航班动态，可拨打 6357195、6357196 进行问询。记者目前从绵阳机场获悉，目前雨量变小，可正常起降。

训练提示：

对出镜记者的要求：①你在现场说的话要有现场感，看到的和听到的区分开；②说形象的话，不要说空话，例如"雨还在下，雨很大"。犹不如具体说大到什么程度（"公交站的牌子只露出了上面的几个字了""只见交警划着小船把站在屋顶的老人送到安全的地方""高速收费站的收费窗口……""塌方滚落的石头把路堵住了"）；③说有感情的话，关切的语气，而不是无动于衷；④说的内容要见景、见人，人们关心的老人孩子怎么样了？解放军、交警救援怎么样了？还有那些默默无闻助人的人如何了；⑤动态报道或者说是滚动报道内容要实时进行更新，现在怎么样？过一会儿怎么样？什么时候路能通、航班能起飞？服务要热心、具体、真诚。

2. 广西玉林发生5.2级地震

　　假设你们是当地广播电视台的主播和记者，请你们在地震30分钟后启动应急广播，主播与四路记者配合，共同完成这次应急广播报道。四路记者是：记者A是在北流中学采访的记者；B是在陆县采访的记者；C是在中国铁路南宁局采访的记者；D是在广西消防总队采访的记者。主播与四路记者连线，统筹安排，合理调度，驾驭住整个节目。

　　据中国地震台网正式测定：10月12日22时55分，在广西玉林市北流市（北纬22.18度，东经110.51度）发生5.2级地震，震源深度10公里，属浅源型地震。北流市震感强烈，南宁市、梧州市等大部分地区均有震感。当地启动应急响应，暂无伤亡和建筑倒塌报告。地震发生后，广西壮族自治区立即启动抗震救灾Ⅳ级应急响应。目前北流市没有接到伤亡、房屋倒坍报告。经过初步排查，发现个别房子开裂，灾情不大。

　　另据中国地震台网中心统计，近5年来，广西共发生3级以上地震 10 次，其中 3.0 到 3.9 级 4 次，4.0 到 4.9 级 4 次，5.0 到 5.9 级 2 次，6.0 级以上 0 次，最大地震是 2016 年 7 月 31 日在广西梧州市苍梧县发生的 5.4 级地震。多地网友表示有震感，本次地震的震中位于广西、广东交界处，因此广东多地也有明显震感。

北流中学组织学生操场过夜

地震发生后，北流中学已经组织所有学生拿凉席在操场过夜。另外，在距离北流市清湾镇约七八公里的陆川县乌石镇黎洪村，村民都到村里的一个操场上躲避。

玉林市文化广场有市民搬出来睡

北流市中心广场聚集了不少群众，有人把凉席和毛毯带了出来。另外，一些村屯也有民众自发在屋外过夜。

中铁南宁局紧急扣停多趟旅客列车

地震发生后，截至 12 日 23 时 55 分，中国铁路南宁局集团有限公司紧急扣停 K1234 次、K150 次、K9313 次、K835 次、K827/30 次、K1205/8 次、K363 次、T289 次、K1207 次 9 趟旅客列车。目前，管内客货列车安全，没有发生事故，无人员伤亡。受地震影响，益湛、黎湛、河茂线部分列车将出现不同程度的晚点。铁路部门提醒旅客，密切留意车站公告和南宁铁路官方微博，及时做好行程安排。

广西消防总队605名救援人员集结待命

地震发生后，广西消防总队集结救援力量待命。其中，4 支地震重型救援队，15 支地震轻型救援队，90 辆消防车、13 只搜救犬、605 名指战员已经集结完毕。另外，玉林市消防救援支队立即启动地震应急救援预案，集结 44 辆消防车 225 名指战员 2550 件（套）装备器材待命，同时调派消防车和消防队员到乡镇执勤，并深入村屯走访了解受灾情况。截至 13 日凌晨 2 时，玉林市消防救援支队指挥中心未接到灾情报警，前置执勤力量未发现房屋倒塌、人员被困情况。

应急管理部消防救援局官方微博发布微博："没有发现人员被困？那我睡会！地震救援突击队的兄弟们头枕装备，席地而卧！"网友纷纷留言："辛苦了！""平安真好！"广西地震局辟谣：当地发生更大地震可能性不大。针对玉林市网传"地震卫星检测今晚凌晨 2 点 43 分至 45 分钟左右发生余震"传言，当地相关部门紧急召开地震趋势会商会，认为：当地发生更大地震可能性不大。因此，确认此次传言纯属谣言，请广大人民群众不必恐慌。

零容忍！玉林余震造谣者被抓获

今晨 5 时许，平南公安将涉嫌散布该谣言的违法人员唐某源（男，22 岁，平南县平南街道甘莲村人）抓获。目前案件正在审理中。对造谣者零容忍！

训练提示：

> 应急广播很可能要打破传统的写稿、审稿到播出的程序。这就要求前方记者第一时间把你看到的真实情况用你自己的话直接报道出去。（注意，不是有闻必录。既要有真情，又要有度。对过于悲惨的场景，不宜宣传的人和事，没有经过核实的事情，都要格外小心谨慎。）

第三章　综合练习

3. 口头报道练习：普吉岛沉船事故

2018 年 7 月 5 日，两艘共载有 127 名游客的船只在泰国普吉海域发生倾覆，47 名中国游客遇难。遇难者全部来自"凤凰号"，另一艘"艾莎公主号"上 41 人全部获救。请你采访后做口头报道。

新闻素材选自搜狐知天下《不能忘记的"凤凰号"普吉岛沉船事故一个月特别报道》。

昨天是 2018 年 8 月 5 日，对很多人来说，不过是一个平常的周日，可是对一些人来说，却是一个"纪念日"。

一个月前两艘载有 120 多名游客的船只在泰国普吉海域翻沉，47 人不幸遇难。这 47 名遇难者都是中国人，事发时他们搭乘的船只名为"凤凰号"。

这段时间，钱江视频的记者找到了很多跟这件事情有关的人：幸存者、目击者、救援者和相关领域专家，试图追问这场巨大的悲剧究竟是"天灾"还是"人祸"，境外旅游我们怎么才能防止这样的事故再次发生？

"凤凰号"之殇
47 名中国游客海上遇难

2018 年 7 月 5 日，两艘共载有 127 名游客的船只在泰国普吉海域发生倾覆，47 名中国游客遇难。遇难者全部来自"凤凰号"，另一只"艾莎公主号"上 41 人全部获救。

幸存者　龙女士：到它的底部开始进水，很严重的时候，他们才开始让我们站起来往外走。但那个时候已经站不稳了，一起身就会滑倒。

这是龙女士和吴先生的蜜月之旅，万幸的是，两人都在获救名单当中。然而，更多的家庭，则没有这样的幸运了。"凤凰号"遇难者中，有22人来自浙江，其中18人为海宁海派家具公司员工及家属。另四人来自同一个家庭。

幸存者　郑兰庆：我老婆说的最后一句话就是：你不要拉我。因为她已经受伤了，受伤了，她还有点远。我说好。就是这两句话，就是我和我老婆说的最后两句话。

郑兰庆的女儿和女婿是阿里巴巴公司的员工，他的身上，还穿着阿里巴巴年会的衣服。这场灾难，带走了他的老婆、女儿、女婿和外孙女。

幸存者　郑兰庆：这是我外孙女的衣服，我想给她穿着。乒乓球，是她喜欢玩儿的，我想把它放进去，她天天玩这个乒乓球。这个是我女婿的，我想给他穿起来，这个是我女儿的，只留下这点了，这个是我老婆的衣服，三个女的都穿裙子，我女婿穿长裤，三个人的衣服我都要安排。只有我一个人在了，谁也不知道该怎么办。

旅行变突发
现场记者回述事故前后经历

《都市快报》的记者蒋大伟是第一个赶到现场的中国记者。原本带着家人在休假的他怎么也不会想到，自己会被卷入这样的一场事故中。

《都市快报》记者　蒋大伟：本来我想和家人一起，也是坐游船出海，去那个珍珠岛，然后那天有一个突发的状况，就是我们酒店有一块私人的海域，然后我们那天吃完早餐以后，沿着酒店走过去，发现酒店里一行几个上海的客人，他们要到这个海里去浮潜。当时呢，因为我也会游泳，我就跟着他们一起下水了，下水以后大概五分钟的样子，有一个男孩子就过来拍拍我肩膀，说赶紧上来，那我就跟着他爬上来了，上岸了他就告诉我，他说今天这个海水感觉味道有点不太对，然后感觉浪特别大。

同时在普吉岛的，还有浙江中旅出境游的带队领队小王。当天，小王带着自己的十几个游客也坐船出了海。

浙江中旅国际旅行社领队 王枭虬：从帝王岛返回是下午三点，而且我还在朋友圈发了图的，我说今天天气这么好。所以之前泰国那边说的什么预警，什么禁止出海的告示是根本没有的。

《都市快报》记者 蒋大伟：从晴天到乌云密布，然后到雷雨交加，很短暂的一个过程。

和家人在酒店等待了大半天的蒋大伟没有想到，晚上七八点，他们等到了一个令人震惊的消息。

《都市快报》记者 蒋大伟：手机我先收到了，就是几个新闻门户App 的推送，有两个先后发过来。

浙江中旅国际旅行社领队 王枭虬：我还跟我的导游讲，后来回来得晚的团队可能会遇到风浪，可能不太顺，但没想到那天就发生了这样的事。

当地时间 2018 年 7 月 5 日下午 4 点半左右，泰国普吉岛遭遇了有史以来最大的一场暴风雨。在风浪中颠簸了 1 个多小时后，下午 5 点 45 分，龙女士、吴先生、海宁海派家具有限公司 37 名员工以及郑兰庆全家所在的"凤凰号"，在珊瑚岛附近海域倾覆。

训练提示：

事件发生后，你去采访报道的目的是什么？是调查性的采访，弄清沉船事件的经过，找出事故原因，追究责任，还是展示事故造成的后果，描述人们的悲惨命运？

有了采访目的，就要选好采访对象，亲身经历者是首选，然后是目睹者，再后就只能去采访那些知情的人。有一点要注意的是道听途说的信息一定要核实，确认真实才可报道、引用。

有了明确的目的，选择报道内容的时候，就要选能够说明主题的内容，而不是有闻必录，不是说我知道的信息多就好。选用那些与主题无关的边角信息，不是主流媒体的做法。

注意现场报道和口头报道是有区别的，现场报道一定要在事发现场，而口头报道可以不在现场。在众多现场报道练习中我们特意安排了这个口头报道练习，就是要"抠字眼"，区分现场报道与口头报道的不同。

4. 口头报道练习：长兴警民合力 58 秒雪中救人

12 月 7 日下午两点二十分，在太湖大道和长洲路的交叉路口，一辆私家车和一辆三轮车碰撞，车主被压在三轮车下无法动弹，事发后长兴警民合力仅用了 58 秒将人救出。

你参与了救助过程，请你在稍晚的长兴新闻节目里做口头报道，讲述 58 秒雪中救人的经过。

长兴警民合力 58 秒雪中救人！央媒省媒齐点赞！

12 月 7 日下午两点二十分，因雨雪天气道路湿滑，在太湖大道和长洲路的交叉路口，一辆私家车与一辆三轮车发生碰撞，车主被压在了三轮车下，无法动弹。路面有雨雪，气温又很低，仅仅数秒后，路过的市民纷纷前去帮忙。

"等红灯的时候，突然听到'砰'的一声，我们朝前一看有一辆三轮车被汽车撞了一下，撞了之后人被压在三轮车底下，他还在挣扎，我就马上想冲下去，抬三轮车把他弄出来。因为是十字路口，我怕后面堵车，所以我把车往右边挪了一下，我们再冲出去，我和章警官一起冲出去。"

车祸发生时，长兴县公安局侦查打击中心三大队民警章晨逸和司机费小平正好外出办事，在等红绿灯时看到此情景，在保障安全的前提下立刻靠边停车，下车救助。

"我们当时跑过去的时候，就看到车主被三轮车压到了地上，车子的挡风玻璃全部碎了，他的腿被压在三轮车的下面，整个人是比较痛苦的，手上也都是出血的，他自己一个人想要爬出来，但是他一个人也爬不出来，因为被车子压住了。"

章警官介绍，当他们赶到现场时，周边的热心市民也纷纷聚集起来，大家齐心协力将车辆抬起，通过配合将车主从车底救出。从发生车祸，到车主被救出，仅仅花了 58 秒！而他也在人员被救出的第一时间报了警，在雨雪天气里，陪着车主等到救护车和交警都赶到之后，才放心离开。所幸，这位车主目前已无大碍。

📻 训练提示：

　　以第一人称讲述你刚刚亲身经历的一件暖心的感人的事，虽然是"过去时"但仍然要有现场感，要有你的真情在里面，既不能夸张也不能平淡，要形象生动地讲一个真实的故事。

结　语

甩掉播音腔，好好说话

改革开放以来，广播媒介的功能正在从以政治教化为主，向着传播信息，服务人民，满足人民美好生活的方向转化。

习近平总书记在党的十九大报告里指出："中国特色社会主义进入新时代。我国社会主要矛盾已经转化为人民日益增长的美好生活需要和不断平衡不充分的发展之间的矛盾。"进入新时代，受众的需求是多样化的，思想观念多元。传统的一对众高高在上的空洞说教、生硬地灌输式的传播必将被摒弃，取而代之的是以互动分享为主要特征的分众化差异化传播。

作为播音员、主持人，如何适应新时代的要求呢？首先要明确一个概念，那就是：你是谁？为了谁？

"我是党的宣传员！"这是最响亮、最骄傲的回答。没错，在历史上的各个时期都是这样。我们以此为荣，以此为傲，有时还会有点儿神气，摆出说教的样子。如今，这个回答就有点欠妥了。那么今天该怎样回答这个问题呢？

"我们是服务员，姓党的服务员！"

1965年9月15日，毛泽东主席为人民广播事业题词"努力办好广播，为全中国人民和全世界人民服务"就明确强调了广播的服务性。

习近平总书记也多次提到广播电视要建立公共服务意识。"以人民为中心"是习近平新时代中国特色社会主义思想的精髓。坚持以人民为中心，要坚持以人民为新闻报道的主体和服务对象。深入人民群众中，想人民之所想，急人民之所急，增强服务意识，提高服务质量，用老百姓喜闻乐见的形式和语言，努力创作出有思想、有温度、有品质的作品。①

我们这里说的"服务员"，主要是强调播音员、主持人、记者要有服务意识，有服务意识的语言样态，就会和高高在上进行说教的语言样态大不一样，包括某些新闻类节目的主持语言有了服务意识，你的采访报道方式就应该更加人性化，被采访者和受众会感到贴心、温暖。

作为广播电台的播音员、主持人，如果没有服务意识，用教科书上的话来说就是没有对象感，不知道你这话是对谁说的，你说话的目的是什么？本来是信息共享，可偏不让人听清楚，一味地展示自己的声音，展示自己的嘴皮子的功夫。

本来在融媒体的环境下，传统的广播电视行业面临着巨大的压力和挑战，你还在那里板着面孔，端着架子，拿腔拿调……

什么是播音腔？在这里，我们要郑重说明，播音腔不等于播音语言。播音语言是在生活口语的基础上发展起来的艺术语言。具有"三感三性"的特点。

播音语言的"三感三性"在不同的历史时期，也会有不同的体现。中华人民共和国成立不久，面对国内外敌人，我国政府外交部经常发表政府声明、外交部照会以及一些批判性文章、檄文等，最有代表性的就是"九评"，从1963年9月至1964年7月，中共中央以《人

---

① 《习近平新闻思想讲义》2018年版，北京：人民出版社、学习出版社。

民日报》和《红旗》编辑部的名义，相继发表了九篇评论苏共中央公开信的文章。夏青老师为代表的几位老播音员播送的"九评"受到党和人民的肯定，堪称典范，载入了史册，刻在了那一代人的心中。

这一时期的播音语言凸显了规范性、庄重性。大跃进年代，"文革"时期，不同的历史时期播音语言的"三感三性"会有不同的体现。但这不是像豆腐切块一样界限分明，而是"三感三性"的综合体现，只不过是时代不同，表现出侧重面不同，这也是播音语言时代感的具体体现。

播音腔不能算作播音语言，它是一种固定的读的腔调，是念歪了的"播音经"，用这种固定的腔调播新闻，不管是什么内容，都用一个调子念完，只有声音，没有内容，播完了，你问他播的是什么？他一定说不上来，因为他不过脑子，违背了正确的播音创作道路。

有稿播音是要把别人（记者、编辑）写好的稿子转换成为有声语言传播出去。它的前提是深入理解稿件内容，理解了再把它转换成自己要说的内容。这里有一个重要的环节就是转换，这是一条正确的播音创作道路。播音腔是没有这个创作过程的，它只需要根据自己的习惯走固定的路就行了。于是重音很多，而且多采用"砸"的方式，比如一句谁都知道的话"下半旗致哀""半旗"两个字也当作重音，用力砸一下，再比如"中共中央召开了一个什么会议，习近平主持会议"这句话说起来没有重音，但播音腔却要刻意强调"主持"二字，把"习近平主持会议"的"主持"二字当作重音，用力砸一下。如果你坐下来和他探讨一下这句话，"主持"二字是重音吗？他会说不是，但为什么每次播这样的句子都是这样呢？只有一个答案"习惯了"！播音腔不讲究处理句子，不讲究归堆儿、抱团儿，不讲究轻重缓急。

甩掉播音腔好好说话，要有创新思维、融媒体意识。

　　播音主持工作是实践性很强的工作。人民广播创建以来，我国一代又一代的播音员，在播音实践中，创作了一篇又一篇经典佳作载入史册，同时也把他们的创作经验传承下来，代表中国播音学理论体系逐渐走向成熟的一部理论著作《中国播音学》1994年10月正式出版发行了。这些年在播音主持的教学中，在电台、电视台的播音主持工作中都以这部著作作为指导进行着播音创作。

　　时代在飞速前进！1998年5月，联合国新闻委员会正式提出，继广播电视之后，互联网成为第四媒体。网络技术为广播开创了新的传输方式，广播与网络的融合成为必然。

　　有人说，电视最好的日子已经过去了，一些高校播音系没有了，云南师大改为了"语言传播系"，辽宁大学改为了"口语传播系"，四川传媒学院原"播音与主持艺术学院"更名为"有声语言艺术学院"，暨南大学"播音专业"从原来的"广播电视学系"分离出来，成立了"口语传播系"。

　　这一系列的变化给我们提出了一个问题，还要不要坚持《中国播音学》中提出的播音理论。

　　回答是肯定的，播音主持理论来源于实践，是一代又一代播音员通过实践总结出来的理论，这是其他学科不能代替的。从历史进程看，为适应时代的要求，中国播音学的理论一直在不断充实调整中，如今进入了新时代，播音主持的理论也一定会适应新时代的特点进行适当的调整、充实和发展，播音实践也必将随之而变。夏青老师当年播的一系列文章堪称经典，可是你今天再听当年夏青老师的录音，完全不是我们想象的那样儿了！因为时代变了，语境变了，受众的心理变了！再用当年的播音理论指导今天的播音实践，显然是不合时宜的。变是必然的，发展才是硬道理！变，一定要有创新思维，融媒体意识！

我们以气息为例，大家知道播音员、主持人讲究的是用丹田气。几年前我们在给学生讲课的时候，还是强调丹田气，气沉丹田，像闻花香一样，把气深深地吸进丹田，然后控制住，再把吸足的气均匀地吐出来，像一个气柱一样慢慢地呼出来。

可是，我们今天再听当年的录音的时候，感觉不一样了，时代不同了，语境不同了，受众接受信息的心理状态不同了，当年正确的播音理论该进行微调了！

怎么调？概括起来说，就是新时代的新闻播音还要不要像当年夏青老师们播音那样用丹田气？要不要像当年夏青老师那样吐字归音，珠落玉盘？新时代的新闻播音怎么能让受众听得更舒服、更自然。

那就是播音语言要回归，回归到"甩掉播音腔，好好说话"的道路上。

著名配音表演艺术家李立宏老师在纪录片配音中运用有声语言的经验，特别是气息的运用、共鸣腔的控制的经验，值得借鉴。"李立宏老师主要运用胸腔共鸣，同时辅以口腔共鸣，胸腔共鸣主要对应低音，口腔共鸣，主要对应的是中音，这样的共鸣运用会让有声语言低沉、平稳并不过分的突出，而且这样的声音会增加信服度，其吐字归音，并不像新闻播报一样的圆润饱满，而且通过中偏低的声音去带字音，这也让每一个字、词不会像一颗颗珍珠一样往外蹦似的清晰、明显地呈现，而是有一定清晰度，有重点地表达出来，这样有助于弱化有声语言过分突出的表现，更好的声画深化结合融为一体"[①]。

当然李立宏老师说的是影视配音而不是新闻报道。

借鉴不是照搬，纪录片的配音与新闻播音有很大不同。我们以此

---

① 摘自《李立宏在纪录片播音中的有声语言运用分析》作者邓迪，浙江传媒学院。

为例，主要想探讨新时代新闻播音，能不能像李老师那样气息用得更浅一些，更能接近说话，让受众听得舒服些，更自然些。

现在的新闻播音听着不舒服有两种情况：一种就是播音腔，另一种情况就是一遇到时政新闻或者重大新闻事件，为了显示重视，就把调门提到很高。武汉军运会开幕式现场广播的女播音员声音很好，很结实，很干净，也有一定的力度，现场的气氛也很好。就是听着太累，调门儿就像一个人吃饭吃顶了，说话都不自然了，没有轻重缓急了，只能听一个个枣核形（口腔发音状态），听着听着就想给她送氧气，让她吸吸氧。

相比之下，现场男生的英语解说，却听得很舒服，声音的宽厚有韵味，有磁性。他的调门儿并不高，就用自己的中音区，让人感到声音运用自如，游刃有余。以上意见只是笔者向东个人的浅见，与读者分享。

进入新时代，一个严峻的问题摆在了播音教育者的面前，那就是在新媒体语境下。我们的播音生朝着哪个方向培养？从一些大一学播音、主持的教学看，从网络空间传递的教学经验看，从社会各种播音、主持艺考培训教学看，基本上还是《中国播音学》提出的理论。

在新媒体语境下，这套理论该调了，该调了！

"甩掉播音腔好好说话"，是新时代讲好中国故事的最佳语体。说话是一切语言表达的基础，传统媒体的播音员、主持人甩掉播音腔好好说话，才能更好地与其他媒体融合，共同发展。

我们的大学教育决不是仅仅培养几个会说话的人的事。

面对时代的呼唤，我们必须加快培养全媒型、专家型新闻工作者。新闻院校要适应媒体发展的新形势、新情况，不断更新教育理念，调整教育内容、转换教育方法，抓紧培养采访、写作、编辑、播音等多元知识与技能复合于一身的全媒体人才。培养具有全媒体传播理念知识与技能，同时掌握经济、政治、文化、科技、法律等各方面知识的专家型人才。[1]

是的，时代在呼唤，我们一定要牢记使命，不忘初心，勇于创新，敢于担当，做一个合格的党和人民的服务员！

---

[1] 《习近平新闻思想讲义》，北京：人民出版社、学习出版社，2018年。

后 记

　　《甩掉播音腔——新时代新闻播音主持实训》终于与读者见面了!

　　本书从构思到完成经历了将近两年的时间,得到许多朋友的帮助。四川文化艺术学院的张浩老师毫无保留地将自己的论文奉献出来供参考借鉴,在此对张浩老师深表敬意!东方玉达艺术学校的负责人霍达、姚怡萱,我的学生刘淳、张楚在技术上都提供了很多帮助,在此一并表示感谢!

　　本书由三人合作,在写作风格上难免会有不一致的地方,本着文责自负的原则,书中所有的批评意见都与另外两位作者无关,均属我个人观点,如有不当,敬请批评指正。

向　东

2022 年 12 月